「プリティ・コリアン」HP

https://text.asahipress.com/free/korean/prettykorean/index.html

プリティコリアン

石坂浩一・佐々木正徳・金良淑・郭珍京・李和貞・岡村佳奈

朝日出版社

はじめに

　朝鮮語は、日本の隣人である朝鮮半島の人びとが、長い時間をかけて独自の言語として形成し発達させてきた言葉です。現在、朝鮮半島で使われている文字を＜ハングル＞といいます。15世紀に朝鮮王朝によって作られた、とても合理的な文字です。

　不幸にも朝鮮半島は植民地支配からの独立後に南北に分断されており、朝鮮民族は単一の近代民族国家を形成するという悲願を果たせずにいます。南北は社会体制がちがうため、多少の語彙の違いはありますが、同じ言語を使っているので、皆さんが朝鮮語を学べば南北双方の言葉がわかるようになります。

　日本では隣国の言葉を久しく「朝鮮語」と呼んできました。天気予報でも「朝鮮半島」という言葉を使っているように、これは民族全体を指す言葉として使われています。ですから、言語の名称としては南北関係なく「朝鮮語」と呼ぶことができます。

　しかし、現在の日本では国交があるのは南側の大韓民国だけで、北側の朝鮮民主主義人民共和国とは国交がないばかりでなく、人的交流もあまりありません。皆さんが訪問して言葉を交わす機会があるのも当面は韓国でしょう。そこで、このテキストは韓国の首都ソウルの言葉を標準として制作しました。韓国に住む人びとは自分たちの母語を「韓国語」と呼びます。したがって、このテキストでも内容に入ると「韓国語」という言葉が使われています。

　韓国の大衆文化が日本社会に浸透しこれまでになく言葉も親しみやすくなってきた中、一方ではインターネットの世界などで心無い言葉があふれています。私たちは近づきたい相手を知るために、きれいな言葉で、隣人に隣人として向き合い理解する一助となるよう、このテキストを作りました。『プリティ・コリアン』の「プリティ」とは、「かわいい」だけではなく「きれいだ」という意味が含まれます。日本でよく言われる「かわいい」は、英語では「プリティ」ではなく「キュート」だという人もいます。あなたも、向き合う相手も、ともに幸せになれるプリティな朝鮮語を身に着けてみませんか。

　近年、日本で朝鮮語を学ぶ人びとの学習レベルはこれまでにないほど高くなっています。通じれば通じるほど、楽しみが増える！皆さんもきっとその楽しみを体験できるでしょう。

　多くの皆さんがこのテキストを活用してくださることを祈っています。

2022年9月

テキストの使い方

　このテキストは大学などの授業で使用する場合、週 2 回、1 学期で 15 週程度の授業を行なって、1 年間学習することにより朝鮮語の基礎を身に着けることができるように設計されています。このテキストを学ぶことでハングル能力検定試験 4 級、韓国語能力試験（TOPIK）Ⅰの 2 級の水準に到達できます。このレベルまで学ぶと、しばらくブランクがあっても、学習や言語運用を再開した時に、スムーズに朝鮮語を使うことができるでしょう。

　ハングルを初めて習う人が多いでしょう。まず、文字と発音をしっかり身に着けてください。週 2 回の授業で学ぶ場合、春学期は「文字と発音」を経て第 1 部を学習します。秋学期には変則活用を習得して最後の課まで学びます。〈3 つの語基〉という概念で朝鮮語を理解していきますので、春学期から出てくるこのツールをよく身に着けてください。これがわかれば、秋学期以降の学習は楽です。

【本文】

　比較的短い会話で構成されています。覚えてしまいましょう。何度も音読して練習しましょう。

【文法説明】

　比較的詳しく説明しています。丁寧に読んで理解するように努めてください。

【用言の表の完成】

　単元ごとに出てくる用言の表はしっかり埋めて、必要に応じて参照してください。

【練習】

　およそ各課の末尾にあります。音読の練習とともに意味を理解してください。そして、皆さん自身が作文する時に参考にしてください。

【単語索引】

　巻末に単語の索引が付いています。もしも日本語の意味が分からなければ積極的に活用してください。

【辞書】

　学習を継続したい人はぜひとも辞書をもって活用してください。小学館が発行する『韓日辞典』をお勧めします。

　会話に習熟しつつ文法的にも正しい言葉遣いを身に着けるように、本文を何度も音読し、基礎的な文法事項を短いフレーズで積み重ね、意思疎通を図ることができるようになることをめざしましょう。

文字と発音

第1部

登場人物・動物

けんた
フレンド大学観光学部3年生。
K-POPサークルのリーダー。

ヨンハン
フレンド大学に留学経験があるチウンの先輩。
今は就職して日本企業に勤める。

チウン
フレンド大学に来ている韓国からの交換留学生。
日本語や日本について勉強中。

かりん
フレンド大学文学部1年生。
漫画を研究している。K-POPが好き。

まいこ
フレンド大学社会学部1年生。
韓国語を学んでいる。かりんの友だち。

ナビ
チウンとともに韓国から来た美形ネコ。
日本のテレビアニメに夢中。

ミケ
かりんの家に暮らすネコ。
優しくて力が強い。

チョコ
まいこの家に住むことになったイヌ。
ラブラドールレトリバー。

文字と発音

1 文字のなりたち ·······························

朝鮮語の文字は、子音と母音の組み合わせで成り立っています。日本語は子音＋母音でひとつの音節が成り立っていますが、朝鮮語は子音＋母音のほかに子音＋母音＋子音という音節があります。

🐾 文字の組み合わせのパターン

朝鮮語の文字で初めにくる子音を「初声」、次にくる母音を「中声」、そして最後にくる子音を「終声（パッチム）」といいます。同じ子音でも「初声」と「終声」で発音が異なる場合があります。また、パッチムが２つある場合もあります。文字を習う前にまず、パターンをみてハングルのイメージをつかんでみてください。

「子音＋母音」（初声＋中声）

「子音＋母音」は、ハングルのもっとも基本的なパターンです。終声（パッチム）はありません。

❶ 子音が左、母音が右に書かれるケース（縦棒が長い母音）

가：k + a → [ka] カ

❷ 子音が上、母音が下に書かれるケース（横棒が長い母音）

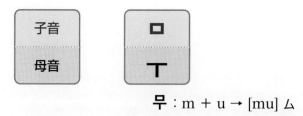

무：m + u → [mu] ム

❸ 子音が左上に書かれるケース（複合母音）

화：h + wa (o + a) → [hwa] ファ

「子音＋母音＋子音」（初声＋中声＋終声）

「子音＋母音」の下にさらに子音（パッチム）がくるパターンです。パッチムは左右並べて書かれることもあります（④、⑤）。この場合、どちらかが発音されます。これもとりあえずはパターンだけ理解してください。

❶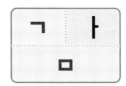

감：k + a + m → [kam]

❷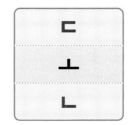

돈：t + o + n → [ton]

❸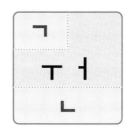

권：k + wɔ (u + o) + n → [kwɔn]

❹

닭：t + a + ^{k} → [ta^k]

❺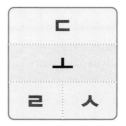

돐：t + o + l → [tol]

🐱 発音記号については反切表（P.15）を参照してください。

2 基本的な母音と子音 ‥‥‥‥‥‥‥‥‥‥‥‥‥‥‥‥‥

🐾 基本的な母音

　朝鮮語の文字は 14 個の子音、10 個の母音、11 個の複合母音から成り立っています。まず、基本的な 10 個の母音とその順番を身につけましょう。母音は縦棒と横棒の組み合わせで作られます。縦棒は上から下へ、横棒は左から右へ書きます。

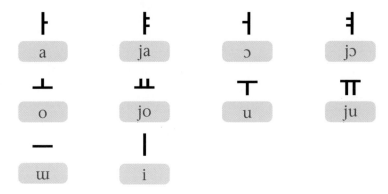

　最初の 4 つの音は口を、日本語を発音するより大きくあけて発音します。

- ㅏ　[a]　日本語の「ア」とほぼ同じですが、口を大きくあけてはっきり発音します。
- ㅑ　[ja]　上の「ㅏ」と同じ口の形で「ヤ」と発音します。
- ㅓ　[ɔ]　日本語の「オ」より口を大きめにあけて「オ」を発音します。「ア」と「オ」の中間音と考えてもよいです。
- ㅕ　[jɔ]　上の「ㅓ」と同じ口の形で「ヨ」と発音します。

　次の 4 つの音は口をつき出して(すぼめて)発音します。ろうそくの火を吹き消すときの口の形をイメージしましょう。

- ㅗ　[o]　口をつき出して「オ」を発音します。
- ㅛ　[jo]　上の「ㅗ」と同じ口の形で「ヨ」と発音します。
- ㅜ　[u]　口をつき出して「ウ」を発音します。
- ㅠ　[ju]　上の「ㅜ」と同じ口の形で「ユ」と発音します。

　残る 2 つの音は口を横に引っ張った状態(隙間がほとんどない状態)にして発音します。

- ㅡ　[ɯ]　唇の両端を引いて「ウ」を発音します。
- ㅣ　[i]　日本語の「イ」とほぼ同じです。

　日本語は母音が 5 個しかありませんから、カタカナのルビをふると ㅓ と ㅗ は「オ」、ㅜ と ㅡ は「ウ」となり区別がつかなくなってしまいます。ですから、このテキストでは原則カタカナのルビはつけません。最初から外国語として発音した方が、結果的には早く身につきますので、カタカナに頼らずに練習を繰り返してください。

🐾 基本的な子音

子音には最も基本的なものとして、次のようなものがあります。

ㄱ	ㄴ	ㄷ	ㄹ	ㅁ
k/g	n	t/d	r/l	m

ㅂ	ㅅ	ㅇ	ㅈ	ㅎ
p/b	s	u	tʃ/dʒ	h

　発音は発音記号を参考にしてください。このうち ㄱ、ㄷ、ㅂ、ㅅ、ㅈ の 5 個の子音を平音といいます。ㄱ、ㄷ、ㅂ、ㅈ は、単語のはじめ（語頭）にあるときは濁らずに発音しますが、2 文字目以降にあるときは濁らせて発音します（有声音化、くわしくは P.21）。例外もありますが、発音変化の項で説明します。

　ㅇ は子音のないしるしで母音だけを読みます。ㄹ は r と l の両方の発音があります。

　なお、ㅇ と ㅎ は印刷される活字では ㅇ の上に小さい点がついているように見えますが、これは印刷上の飾りのようなものですので書かないでください。他に、ㅈ は書くときは一番上の横線は ㅈ のように右にはみ出さず、カタカナの「ス」によく似た形になります。また、ㄹ は最後をはねないで止めてください。

練習 1 　以下の単語を発音し、丁寧に書き写してみましょう。22 以降は濁る子音に気をつけてください。

1.	아이	子ども	2.	우리	私たち	3.	나라	国
4.	우유	牛乳	5.	가수	歌手	6.	나무	木
7.	소리	声、音	8.	뉴스	ニュース	9.	누나	姉
10.	서로	互いに	11.	비누	石けん	12.	다리	橋
13.	어머니	母	14.	도시	都市	15.	머리	頭
16.	마누라	かみさん	17.	러시아	ロシア	18.	마루	板の間
19.	하루	一日	20.	오히려	むしろ	21.	오후	午後
22.	야구	野球	23.	저고리	チョゴリ	24.	사고	事故
25.	우주	宇宙	26.	바지	ズボン	27.	유자	ユズ
28.	소주	焼酎	29.	아주머니	おばさん	30.	아버지	父
31.	부자	お金持ち	32.	수다	おしゃべり	33.	모두	みんな
34.	구두	くつ	35.	가다	行く	36.	주부	主婦
37.	기다리다	待つ	38.	이야기	話、物語	39.	가구	家具
40.	허가	許可	41.	휴가	休暇	42.	지하도	地下道

🐾 激音と濃音

ㅊ、ㅋ、ㅌ、ㅍ は空気を強く吐き出すように発音する子音（激音）です。練習の際には、口の前に紙や手の平をかざし、空気がしっかり出ているか確認してみましょう。なお、前のページで学習した ㅎ を激音に含める考え方もあります。

ㅊ	ㅋ	ㅌ	ㅍ
$tʃ^h$	k^h	t^h	p^h

一方、ㄲ、ㄸ、ㅃ、ㅆ、ㅉ は、空気を出さずに発音する子音（濃音）です。喉をしめつけるようにして発音する、日本語の促音（小さな「っ」）を最初につけて発音するなど、発音のコツは複数あるので、自分に合ったやり方で練習をしてみましょう。

ㄲ	ㄸ	ㅃ	ㅉ	ㅆ
^ʔk	^ʔt	^ʔp	$^ʔtʃ$	^ʔs

さて、ここまで学習して気付いた方も多いでしょうが、平音、激音、濃音は下記のように対応しています。

平音	ㄱ	ㄷ	ㅂ	ㅈ	ㅅ
激音	ㅋ	ㅌ	ㅍ	ㅊ	
濃音	ㄲ	ㄸ	ㅃ	ㅉ	ㅆ

発音記号は平音の記号の右上に ^{h}

発音記号は平音の記号の左上に ^{ʔ}

平音に一画加えたものが激音（ㅂ→ㅍは少々異なりますが）、平音を横に2つ並べたものが濃音です。ㅋ は少々見づらいかもしれませんが、激音なので ㄱ に一画を加えたものです。ㄱ を縦に2つ並べているわけではないので気をつけてください。いずれの文字もバランスに気をつけてきれいに書けるようになりましょう。

北朝鮮では子音は濃音を含め19個だとしていますが、韓国では濃音5個は派生的なものと扱うので、子音は14個とします。実質は同じです。また、濃音、激音はどんな時も濁りません。

練習2 以下の単語を平音・激音・濃音の違いに注意しながら発音し、丁寧に書き写してみましょう。

♪
3

1) 激音のある単語

1.	커피	コーヒー	2.	코피	鼻血	3.	카피	コピー
4.	치마	スカート	5.	우표	切手	6.	보리차	麦茶
7.	이차	二次会	8.	토지	土地	9.	프리티	プリティ
10.	포도	ブドウ	11.	튜브	チューブ	12.	사투리	方言

2) 濃音のある単語

1.	까치	カササギ	2.	아까	さっき	3.	가까이	近くに
4.	꼬마	ちびっこ	5.	띠	干支（えと）	6.	또	ふたたび
7.	아빠	父ちゃん	8.	뿌리	根	9.	자꾸	しばしば
10.	바쁘다	忙しい	11.	씨	種子	12.	쓰다	書く、使う
13.	싸다	安い	14.	가짜	ニセモノ	15.	짜다	しょっぱい
16.	토끼	ウサギ	17.	뼈	骨	18.	바꾸다	変える

　ここまで学習した 14 個の子音と 10 個の母音からなる音節表を反切表と呼びます。反切表で示される文字は、「1. 文字のなりたち」で学んだパターンのうち「子音＋母音」の①と②にあたるものです。この表の並び方が辞書を引くときの基本にもなりますので、しっかり身につけましょう。

　反切表を横に読んでいくときには 2 音節ずつ読むのが習慣です。ㄱ、ㄷ、ㅂ、ㅈ は、2 文字目以降は濁らせて発音する（有声音化）という規則がありました。よって、たとえば 가 行を横に読むと、가갸거겨 [kagja, kɔgjɔ] というように偶数番目の子音が濁って発音されることになります。

　「1. 文字のなりたち」でも少し書きましたが、子音と母音の並びが左右（①）になるか上下（②）になるかは、母音によって分けられます。縦棒が長い母音（ㅏ・ㅑ・ㅓ・ㅕ・ㅣ）の場合は左右（①）、横棒が長い母音（ㅗ・ㅛ・ㅜ・ㅠ・ㅡ）の場合は上下（②）のパターンになります。何度か書いていくとその方が書きやすいと自然に感じられるはずですので、頑張って練習を積み重ねましょう。

가	야	거	겨	고	교	구	규	그	기
[ka]	[kja]	[kɔ]	[kjɔ]	[ko]	[kjo]	[ku]	[kju]	[kɯ]	[ki]
나	냐	너	녀	노	뇨	누	뉴	느	니
[na]	[nja]	[nɔ]	[njɔ]	[no]	[njo]	[nu]	[nju]	[nɯ]	[ni]
다	댜	더	뎌	도	됴	두	듀	드	디
[ta]	[tja]	[tɔ]	[tjɔ]	[to]	[tjo]	[tu]	[tju]	[tɯ]	[ti]
라	랴	러	려	로	료	루	류	르	리
[ra]	[rja]	[rɔ]	[rjɔ]	[ro]	[rjo]	[ru]	[rju]	[rɯ]	[ri]
마	먀	머	며	모	묘	무	뮤	므	미
[ma]	[mja]	[mɔ]	[mjɔ]	[mo]	[mjo]	[mu]	[mju]	[mɯ]	[mi]
바	뱌	버	벼	보	뵤	부	뷰	브	비
[pa]	[pja]	[pɔ]	[pjɔ]	[po]	[pjo]	[pu]	[pju]	[pɯ]	[pi]
사	샤	서	셔	소	쇼	수	슈	스	시
[sa]	[ʃa]	[sɔ]	[ʃɔ]	[so]	[ʃo]	[su]	[ʃu]	[sɯ]	[ʃi]
아	야	어	여	오	요	우	유	으	이
[a]	[ja]	[ɔ]	[jɔ]	[o]	[jo]	[u]	[ju]	[ɯ]	[i]
자	쟈	저	져	조	죠	주	쥬	즈	지
[tʃa]	[tʃa]	[tʃɔ]	[tʃɔ]	[tʃo]	[tʃo]	[tʃu]	[tʃu]	[tʃɯ]	[tʃi]
차	챠	쳐	쳐	초	쵸	추	츄	츠	치
[tʃʰa]	[tʃʰa]	[tʃʰɔ]	[tʃʰɔ]	[tʃʰo]	[tʃʰo]	[tʃʰu]	[tʃʰu]	[tʃʰɯ]	[tʃʰi]
카	캬	커	켜	코	쿄	쿠	큐	크	키
[kʰa]	[kʰja]	[kʰɔ]	[kʰjɔ]	[kʰo]	[kʰjo]	[kʰu]	[kʰju]	[kʰɯ]	[kʰi]
타	탸	터	텨	토	툐	투	튜	트	티
[tʰa]	[tʰja]	[tʰɔ]	[tʰjɔ]	[tʰo]	[tʰjo]	[tʰu]	[tʰju]	[tʰɯ]	[tʰi]
파	퍄	퍼	펴	포	표	푸	퓨	프	피
[pʰa]	[pʰja]	[pʰɔ]	[pʰjɔ]	[pʰo]	[pʰjo]	[pʰu]	[pʰju]	[pʰɯ]	[pʰi]
하	햐	허	혀	호	효	후	휴	흐	히
[ha]	[hja]	[hɔ]	[hjɔ]	[ho]	[hjo]	[hu]	[hju]	[hɯ]	[hi]

前ページの反切表を参考にして、発音しながら表を埋めてみましょう。

	ㅏ	ㅑ	ㅓ	ㅕ	ㅗ	ㅛ	ㅜ	ㅠ	ㅡ	ㅣ
ㄱ										
ㄴ										
ㄷ										
ㄹ										
ㅁ										
ㅂ										
ㅅ										
ㅇ										
ㅈ										
ㅊ										
ㅋ										
ㅌ										
ㅍ										
ㅎ										

	ㅏ	ㅑ	ㅓ	ㅕ	ㅗ	ㅛ	ㅜ	ㅠ	ㅡ	ㅣ
ㄲ										
ㄸ										
ㅃ										
ㅆ										
ㅉ										

4 複合母音

🐾 複合母音

朝鮮語にはこれまで学んだ 10 個の基本的な母音のほかに 11 個の複合母音があります。

基本母音	複合母音
ㅏ	ㅐ [ɛ]
ㅑ	ㅒ [jɛ]
ㅓ	ㅔ [e]
ㅕ	ㅖ [je] [e]
ㅗ	ㅘ [wa]　　ㅙ [wɛ]　　ㅚ [we]
ㅛ	
ㅜ	ㅝ [wɔ]　　ㅞ [we]　　ㅟ [wi]
ㅠ	
ㅡ	ㅢ [ɯi] [i] [e]
ㅣ	

ㅐ [ɛ]　日本語の「エ」より口をやや大きくあけて「エ」を発音します。
　　　　ただし、最近は下の「ㅔ」と同じように発音する人がほとんどです。

ㅒ [jɛ]　上の「ㅐ」と同じ口の形で「イェ」と発音します。
　　　　ただし、最近は下の「ㅖ」と同じように発音する人がほとんどです。

ㅔ [e]　日本語の「エ」とほぼ同じです。

ㅖ [je]　上の「ㅔ」と同じ口の形で「イェ」と発音します。
　　　　ただし、語頭以外での発音は「ㅔ」になります。綴りは変わりません。

ㅘ [wa]　日本語の「ワ」と同じです。

ㅙ [wɛ]　発音は下の [we] と区別がつきません。

ㅚ [we]　ㅞ [we]　日本語の「ウェ」と同じです。

ㅝ [wɔ]　「ㅜ」→「ㅓ」の口の形の変化を意識して「ウォ」と発音します。

ㅟ [wi]　「ㅜ」→「ㅣ」の口の形の変化を意識して「ウィ」と発音します。

ㅢ [ɯi]　唇の両端を引いて「ウィ」と発音します。
　　　　ただし、「ㅇ」以外の子音がついているときと語頭以外のときの発音は「ㅣ」になります。
　　　　また、所有格の助詞「〜の」の意味で使うときの発音は「ㅔ」になります。いずれも、
　　　　綴りは変わりません。

練習4　以下の単語を発音し、丁寧に書き写してみましょう。

♪ 4

1) 複合母音

1.	개	イヌ	2.	새	トリ	3.	예	はい
4.	네	はい	5.	게	カニ	6.	세계	世界
7.	사과	リンゴ	8.	화해	和解	9.	왜	なぜ
10.	쇠	鉄	11.	소외	疎外	12.	샤워	シャワー
13.	뭐	何	14.	위기	危機	15.	웨이터	ウェイター
16.	의사	医者	17.	외교	外交	18.	매니저	マネージャー
19.	가위	ハサミ	20.	회사	会社	21.	매화	梅の花
22.	고의	故意	23.	과자	おかし	24.	취미	趣味

2) 複合母音と濃音

1.	어깨	肩	2.	그때	その時	3.	예쁘다	きれいだ
4.	깨	ゴマ	5.	뛰다	走る	6.	쓰레기	ゴミ
7.	찌개	チゲ	8.	아까워요	惜しいです			
9.	여쭤보다	おうかがいしてみる						

3) 複合母音と外来語

1.	해리포터	ハリーポッター	2.	패러디	パロディ
3.	매너	マナー	4.	에너지	エネルギー
5.	캐쉬	キャッシュ			

5 パッチム

🐾 パッチム

「1. 文字のなりたち」でも説明したように、朝鮮語には「子音＋母音＋子音」という組み合わせの音節もあります。このときの最後の子音のことをパッチムといい、常に一番下に書かれます。

これまで学習した子音のほとんどがパッチムとして使用されますが、発音は [m, n, ŋ, l, p, t, k] の 7 つだけです。また、[m, n, ŋ] の発音と [ᵖ, ᵗ, ᵏ] の発音は、それぞれよく似ています。そのため日本語母語話者にとってはとても難しいです。ただ、発音したことがないわけではなく、使い分けていないだけなので、コツをつかめば発音することは出来るようになります。頑張りましょう。では、パッチムの発音と表記の組み合わせを確認してみましょう。

	［発音］	表記		［発音］	表記
①	[m]	ㅁ		[ᵖ]	ㅂ, ㅍ
②	[n]	ㄴ		[ᵗ]	ㄷ, ㅌ, ㅅ, ㅆ, ㅈ, ㅊ, ㅎ
③	[ŋ]	ㅇ		[ᵏ]	ㄱ, ㅋ, ㄲ
	[l]	ㄹ			

法則

ㅇ はパッチムのときには [ŋ] の音になります。

ㄹ はパッチムのときには [l] の音になります。

激音 ㅋ ㅌ ㅍ、濃音 ㄲ はパッチムのときにはそれぞれの平音の音になります。

上記以外の、パッチムに発音が存在しない文字は、[ᵗ] の発音になります。

発音の仕方

行① [m] と [ᵖ] は、発音するときに口を閉じます。

行② [n] と [ᵗ] は、発音するときに舌先を上歯の裏につけます。

行③ [ŋ] と [ᵏ] は、発音するときに舌を喉の奥に持っていき（舌を口の上部につけずに）、息を鼻に抜きます。

これらの発音は、普段意識していないだけで日本語にも存在します。次の単語をゆっくりと発音してみましょう。

	［発音］	単語	［発音］	単語	
❶	[m]	さんま	[ᵖ]	かっぱ	口を閉じて発音
❷	[n]	けんとう	[ᵗ]	カッター	舌先を上歯の裏につけて発音
❸	[ŋ]	リンゴ	[ᵏ]	かっこう	舌を喉の奥に持っていき発音

各単語の**ゴシック体**の部分を発音するときの口と舌の位置が、それぞれの発音記号に対応しています。

練習5　以下の単語をパッチムに特に注意して発音し、丁寧に書き写してみましょう。 ♪ 5

1) [m, n, ŋ] の発音練習

1. 밤　　夜
2. 반　　クラス
3. 방　　部屋
4. 엄마　おかあさん
5. 통신　通信
6. 선생님　先生

2) [ᵖ, ᵗ, ᵏ] の発音練習

1. 밥　　ごはん
2. 받침　パッチム
3. 책　　本
4. 잎　　葉
5. 팥　　小豆
6. 부엌　台所
7. 맛　　味
8. 낮　　昼
9. 밖　　外

3) [l] の発音練習

1. 달　　月
2. 물　　水
3. 생일　誕生日

🐾 有声音化

　有声音とは発音するときに喉が震える音で、①すべての母音、②子音 ㅁ、ㄴ、ㅇ、ㄹ、③濁った子音 ㄱ、ㄷ、ㅂ、ㅈ をさします。ㄱ、ㄷ、ㅂ、ㅈ はこれまで、2 文字目以降に出てくると濁ると説明していましたが、正確には母音のあとか、パッチム ㅁ、ㄴ、ㅇ、ㄹ のあとで濁ります。これを有声音化といいます。

練習6　パッチムと有声音化に注意して発音し、丁寧に書き写してみましょう。 ♪ 6

1. 감기　風邪
2. 농담　冗談
3. 일본　日本
4. 공장　工場
5. 얼굴　顔
6. 친구　友だち

🐾 二重パッチム

　パッチムは 2 つ書かれることがあります。この場合、どちらかを読みます。基本は次の通りですが、例外もあるので、新しい単語が出てくるたびに発音を確認するようにしましょう。

読む文字	表記	読む文字	表記
ㄴ	ㄵ , ㄶ	ㅍ	ㄿ
ㅁ	ㄻ	ㄹ	ㄼ , ㄽ , ㄾ , ㅀ
ㄱ	ㄳ , ㄺ	ㅂ	ㅄ

練習7　以下の単語をパッチムに特に注意して発音し、丁寧に書き写してみましょう。 ♪ 7

1. 여덟　やっつ
2. 닭　　ニワトリ
3. 옮기다　移す

6 日本語の表記のしかた／長母音／文字の名前 ·····

😺 日本語のハングル表記

前章までですべての文字が読めるように、書けるようになりました！

そこで、ここでは自分の名前や地名をハングルで書く練習をしてみましょう。

日本語の 50 音は、ハングルで次のように表記されます。

あ行	か行	さ行	た行	な行	は行	ま行	や行	ら行	わ行
아	가 (카)	사	다 (타)	나	하	마	야	라	와
이	기 (키)	시	지 (치)	니	히	미		리	
우	구 (쿠)	스	쓰	누	후	무	유	루	오
에	게 (케)	세	데 (테)	네	헤	메		레	
오	고 (코)	소	도 (토)	노	호	모	요	로	ㄴ

が行	ざ行	だ行	ば行	ぱ行
가	자	다	바	바 (파)
기	지	지	비	비 (피)
구	즈	즈	부	부 (푸)
게	제	데	베	베 (페)
고	조	도	보	보 (포)

きゃ	ぎゃ	しゃ	じゃ	ちゃ	にゃ	ひゃ	みゃ	りゃ
갸 (캬)	갸	샤	자	자 (차)	냐	햐	먀	랴
규 (큐)	규	슈	주	주 (추)	뉴	휴	뮤	류
교 (쿄)	교	쇼	조	조 (초)	뇨	효	묘	료

留意点

- ・上記の対応表は韓国で定められた正式なルールです。ただし、日本語を専門で勉強していないネイティブはこのルールを知らないので、異なる文字で書くことがあります。
- ・日本語にはない音が朝鮮語にあるように、日本語にあって朝鮮語にない音もあります。その場合は似ている音を当てはめます。ちょっと違和感があるでしょうが、「つ」は 쓰、「ザ行」の子音は ㅈ を使用します。「す」も 스 なので気をつけましょう。
- ・(　　) は 2 文字目以降で使用します。これを使用しないと 2 文字目が濁って発音されてしまいます。나카시마：なかしま　　나가시마：ながしま
- ・伸ばして発音する音（長音）は通常表記しません。오타：おおた（おーた）　이토：いとう（いとー）
- ・「ん」はパッチム ㄴ、「っ」はパッチム ㅅ で表します。구몬：くもん　　삿포로：札幌
- ・語頭は濁らないので、やむを得ず平音で示します。곤도：こんどう、ごんどう

22

練習8 表記ルールに留意して、日本の名前や地名をハングルでできるだけたくさん書いてみましょう。

😺 長母音

ハングルには長音（のばす音）を示す文字はありませんが、実際には長音が存在し、同じ綴りであっても長音の有無で意味が変わることがあります。辞書では発音記号 [:] を母音や単語末に付すことで示します。例えば、次のような違いがあらわれます。

밤　[pam] と発音すると「夜」、[pa:m] と発音すると「クリ」

말　[mal] と発音すると「ウマ」、[ma:l] と発音すると「言葉」

개　[kɛ] と発音すると「個」、[kɛ:] と発音すると「イヌ」

長母音の有無はスペルだけでは見分けることができないので注意が必要です。ただ、文脈で通じることも多いためか、今日の韓国では特に区別せずに読むこともあります。

😺 文字の名前

朝鮮語の文字はそれぞれ名前があります。母音は発音の通りですが、子音は少々難しいかもしれません。ただ、授業で説明する際に出てきたりするので、慣れておくようにしてください。法則は、1文字目の母音はすべて ㅣ、2文字目の母音は大部分 ㅡ、1文字目の初声と2文字目のパッチムでその文字がくり返されます。濃音の 쌍 は「ペア、対」という意味です。

ㄱ　기역　　　　　ㄲ　쌍기역

ㄴ　니은　　　　　ㄸ　쌍디귿

ㄷ　디귿　　　　　ㅃ　쌍비읍

ㄹ　리을　　　　　ㅆ　쌍시옷 [쌍시옫]

ㅁ　미음　　　　　ㅉ　쌍지읒 [쌍지읃]

ㅂ　비읍

ㅅ　시옷 [시옫]

ㅇ　이응

ㅈ　지읒 [지읃]

ㅊ　치읓 [치읃]

ㅋ　키읔 [키윽]

ㅌ　티읕 [티읃]

ㅍ　피읖 [피읍]

ㅎ　히읗 [히읃]

🐾 連音化

　パッチムのあとに初声を読まない(子音 ㅇ ではじまる)文字が続くと、パッチムが次の文字の初声のようになって発音されます。これを連音化といいます。二重パッチムの場合は、右側のパッチムのみが移動します。また、パッチムが ㅇ の場合、連音化は生じません。

산이 山が [사니]　　삶은 人生は [살믄]　　형을 兄を [형을]

　連音化のいちばんよい例は、末尾にパッチムのある名詞に助詞が付いた場合です。詳しくは第1課、第2課において学びますが、末尾にパッチムのある名詞につく助詞、이(が)、은(は)、을(を)、에(に)などは、連音することになります。

산 山	산이 山が	산은 山は	산을 山を	산에 山に
집 家	집이 家が	집은 家は	집을 家を	집에 家に
책 本	책이 本が	책은 本は	책을 本を	책에 本に
길 道	길이 道が	길은 道は	길을 道を	길에 道に
감 柿	감이 柿が	감은 柿は	감을 柿を	감에 柿に

　連音化は会話では非常に多いので、たくさん練習し、早いうちに身につけましょう。また、読み方は変わりますが綴りは変わらないので気をつけてください。

♪ 8 【練習9】 **連音化に注意して発音し、丁寧に書き写してみましょう。**

1. 밤이　夜が	2. 밤은　夜は	3. 밤을　夜を
4. 밤에　夜に	5. 밥이　ごはんが	6. 밥은　ごはんは
7. 밥을　ごはんを	8. 밥에　ごはんに	9. 삶이　人生が
10. 음악　音楽	11. 밖에　外に	12. 꽃이　花が
13. 한국어　韓国語	14. 일본어　日本語	15. 영어　英語
16. 손잡이　手すり	17. 손으로　手で	18. 읽어요　読みます
19. 있어요　います	20. 맞은편　向かい側	21. 앉아요　座ります

😺 ㅎ弱化・無音化

パッチムや語中の ㅎ は**弱まったり発音されなかったりする（ㅇになる）**ことがあります。発音されなくなるため、ㅎ の直前にある文字が ㅎ の次にある文字と連音化して発音されることがあります。

좋아요　よいです　[조아요]　　많이　たくさん　[마니]

今日の韓国語では ㅎ の音はあまり強く発音されなくなってきているようです。ただし、1文字ずつ正確に伝えたいときなど、弱化せずに発音されることもあります。慣れてきたら、どのように発音されているか、歌などを注意して聴いてみてください。

練習 10　ㅎ弱化・無音化に注意して発音し、丁寧に書き写してみましょう。　♪9

1. 전화　　電話
2. 은행　　銀行
3. 안녕히　　安寧に
4. 일하다　　働く
5. 싫어요　　嫌です
6. 놓아두다　　置いておく

😺 激音化

ㄱ、ㄷ（ㅅ）、ㅂ、ㅈ と ㅎ が連続すると ㄱ、ㄷ（ㅅ）、ㅂ、ㅈ は ㅋ、ㅌ、ㅍ、ㅊ に発音が変わります。これを激音化といいます。ㄱ、ㄷ、ㅂ、ㅈ と ㅎ の順序は問いません。ㅅ と ㅎ の組み合わせのみ順序が関係します。

$$ㅎ + ㄱ \text{ または } ㄱ + ㅎ → [ㅋ]$$
$$ㅎ + ㄷ \text{ または } ㄷ + ㅎ → [ㅌ]$$
$$ㅅ + ㅎ → [ㅌ]$$
$$ㅎ + ㅂ \text{ または } ㅂ + ㅎ → [ㅍ]$$
$$ㅎ + ㅈ \text{ または } ㅈ + ㅎ → [ㅊ]$$

좋다　よい　[조타]　　따뜻하다　暖かい　[따뜨타다]

練習 11　激音化に注意して発音し、丁寧に書き写してみましょう。　♪10

1. 법학　　法学
2. 특히　　特に
3. 괜찮다　　大丈夫だ
4. 백화점　　デパート
5. 이렇게　　このように
6. 비슷하다　　似ている
7. 비핵화　　非核化
8. 맞히다　　当てる
9. 읽히다　　読ませる
10. 밟히다　　踏まれる

🐾 流音化

ㄴ と ㄹ が連続すると、どちらも ㄹ に発音が変わります。これを流音化といいます。ㄴ と ㄹ の順序は問いません。

$$ㄴ + ㄹ \ または \ ㄹ + ㄴ \quad → \quad [ㄹㄹ]$$

삼천리 三千里 [삼철리]　　설날 正月 [설랄]

ただし、合成語の一部で、[ㄴㄴ] になることがあります。

신라면 辛ラーメン [신나면]

♪ **練習12** 流音化に注意して発音し、丁寧に書き写してみましょう。
11

| 1. 권리 権利 | 2. 연락 連絡 | 3. 전라도 全羅道 |
| 4. 실내 室内 | 5. 오늘날 今日 | 6. 물놀이 水遊び |

🐾 鼻音化

有声音ではないパッチム (ㄱ、ㄷ、ㅂ、ㅅ、ㅈ、ㅊ、ㅍ、ㅌ、ㅋ、ㅆ、ㄲ、つまり ㅂ、ㄷ、ㄱ の発音をするパッチム) のあとに ㅁ、ㄴ が続くと、**ㅂ は ㅁ、ㄷ は ㄴ、ㄱ は ㅇ に発音が変わります。**これを鼻音化といいます。

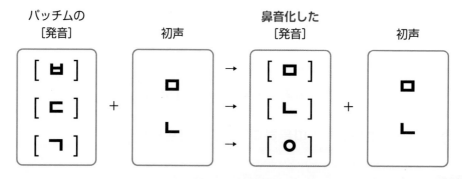

십만 十万 [심만]　　젖니 乳歯 [전니]

♪ **練習13** 鼻音化に注意して発音し、丁寧に書き写してみましょう。
12

1. 입문 入門	2. 앞날 後日	3. 거짓말 嘘
4. 있는 ある	5. 막내 末っ子	6. 겉모양 外見
7. 국민 国民	8. 혁명 革命	9. 박물관 博物館

また、ㅁ と ㅇ のパッチムのあとに ㄹ が続くと、ㄹ は ㄴ に発音が変わります。これも鼻音化です。

심리 _{心理} [심니]　　　강력 _{強力} [강녁]

また、有声音ではないパッチム（ㅂ、ㄷ、ㄱ の発音をするパッチム）のあとに ㄹ が続くと、ㄹ の発音が ㄴ に変わった後に ㅂ、ㄷ、ㄱ も鼻音化し、ㅂ は ㅁ、ㄷ は ㄴ、ㄱ は ㅇ に発音が変わります。

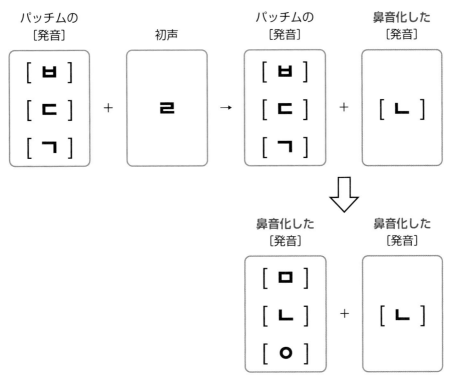

합리 _{合理} [함니]　　※합리 → [합니] → [함니]
북로 _{北路} [붕노]　　※북로 → [북노] → [붕노]

一見ややこしいですが、合理的に、発音しやすいように変化していることがわかると思います。

練習 14　鼻音化に注意して発音し、丁寧に書き写してみましょう。　♪13

1. 능력　能力
2. 대통령　大統領
3. 음료수　飲み物
4. 석류　ザクロ
5. 협력　協力
6. 확률　確率
7. 독립　独立
8. 입력　入力
9. 몇 리　何里

鼻音化は日常的に頻出しますので、慣れるまでは少々大変ですが意識して何度も練習し、自然に発音できるようになっておきましょう。

🐾 濃音化

　有声音ではないパッチムのあとに、ㄱ、ㄷ、ㅂ、ㅅ、ㅈ が続くと、ㄱ、ㄷ、ㅂ、ㅅ、ㅈ の発音が、それ
ぞれの濃音 ㄲ、ㄸ、ㅃ、ㅆ、ㅉ に変わります（有声音化しません）。これを濃音化といいます。ただし、
パッチムをきちんと発音すると続く初声は自然と濃音らしくなるので、さほど神経質になる必要はあり
ません。無理に濁らせないように気をつけましょう。

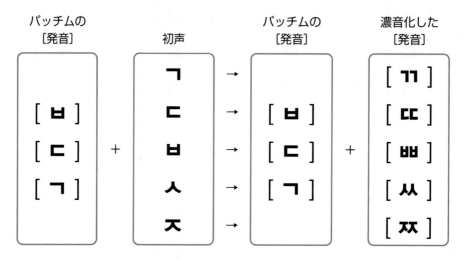

| パッチムの[発音] | | 初声 | | パッチムの[発音] | | 濃音化した[発音] |

　햇살 ひざし ［핻쌀］　　있다 ある ［읻따］

　ほかに、語幹末のパッチムが ㅁ、ㄴ の用言の場合、あるいは漢字語などでパッチム ㄹ のあとに
ㄷ、ㅅ、ㅈ が続く場合、濃音化することもあります。

　語幹については第1部以降、学習を進めていく中で改めて説明します。

　안다 抱く ［안따］　　삼다 ～にする、編む ［삼따］　　할당 割当 ［할땅］

♪
14
　🔲 練習15 　濃音化に注意して発音し、丁寧に書き写してみましょう。

1. 국수　ククス
2. 맥주　ビール
3. 젓가락　箸
4. 국밥　クッパ
5. 옆집　隣家
6. 가깝다　近い
7. 받다　受ける
8. 듣다　聞く
9. 맡기다　預ける

😸 口蓋音化

パッチム ㄷ、ㅌ のあとに 이、여 が続くと、連音化の際に ㄷ は ㅈ、ㅌ は ㅊ に発音が変わります。これを口蓋音化といいます。数は少ないので単語ごと覚えてしまいましょう。

해돋이 日の出 ［해도지］　　같이 —緒に ［가치］

練習16　口蓋音化に注意して発音し、丁寧に書き写してみましょう。　♪15

1. 굳이　　あえて　　　2. 붙여요　　つけます　　　3. 닫히다　　閉じる

😸 ㄴ挿入（ㄴ添加）

パッチムのあとに 이、야、여、요、유 が続くと、이、야、여、요、유 はそれぞれ 니、냐、녀、뇨、뉴 に発音が変わることがあります。複数の単語からなる合成語のときに起こることのある発音変化です。

그럼요 そのとおりです ［그럼뇨］　　부산역 釜山駅 ［부산녁］

ㄴ挿入後、さらに鼻音化や流音化も起こります。

꽃잎 花びら ［꼰닙］　※꽃잎 → ［꼰닙］ → ［꼰닙］
볼일 用事 ［볼릴］　※볼일 → ［볼닐］ → ［볼릴］

練習17　発音変化に注意して発音し、丁寧に書き写してみましょう。　♪16

1. 웬일　　何事　　　　　　　2. 두통약　　　頭痛薬
3. 그림엽서　絵葉書　　　　　4. 무슨 요일　何曜日
5. 나뭇잎　木の葉　　　　　　6. 서울역　　　ソウル駅

　以上のように、発音の規則はたくさんあるので一度にすべてを覚えるのは大変です。しかし、新しい単語や表現が出てくる度に意識して発音を確認していけば、だんだんと身についていき、コツがわかってきます。諦めずに頑張ってください。

　なお、文字と発音についての説明では、「朝鮮語」という呼称を使ってきましたが、第1課以降は韓国における言語表現に準拠するところが一層多くなるので、「韓国語」という呼称を使い、朝鮮語の言葉としても韓国語を使っていきます。

열심히 공부하세요!!

第１部

안녕하세요?

🐾 **あいさつと自己紹介**

♪ 17

> 안녕하세요?
>
> 저는 구로키 가린이에요.
>
> 프리티대학교 학생이에요.
>
> 집에는 고양이가 있어요.
>
> 고양이 이름은 미케예요.

単語

안녕 (하다)	安寧 (だ)	저	私
대학교	大学	학생	学生 (대학생 大学生)
집	家	에	〜に
는 / 은	〜は	고양이	ネコ
가 / 이	〜が	있다	いる、ある
이름	名前		

こんにちは。
私はくろき・かりんです。
プリティ大学の学生です。
家にはネコがいます。
ネコの名前はミケです。

🐾 **分かち書き**
　上の会話文を見てわかるように、韓国語は文節ごとにスペースが入ります。このスペースを「分かち書き (띄어쓰기)」といいます。文節がわかりづらければ日本語で考えたときに句点「、」を入れてもよい部分はもれなくスペースをあけなければならないと覚えておけば、当面の間は大丈夫でしょう。

1-A 「AはBです」「Cがあります」

⑴ あいさつ言葉（인사말）を知ろう

基本的なあいさつの言葉を覚えていきましょう。안녕하세요? は聞いたことがある人が少なくないと思います。韓国語では朝、昼、晩いつでも안녕하세요? といいます。その他のあいさつは **2-E** を参照してください。

あいさつと自己紹介

⑵ 名詞＋です

韓国語の丁寧な語尾「～です、～ます」には「요」と、「ㅂ니다/습니다」があります。この教科書では両方の形を紹介しますが、日常的会話でよく使われる「요」の形を中心に学んでいきます。

「名詞＋です」と言いたい場合、名詞の最後の文字にパッチムがなければ名詞の直後に「예요」、最後の文字にパッチムがある場合は名詞の直後に「이에요」をつけます。

> **～です**　名詞（末尾パッチムなし）＋ **예요**　　 スペルに注意！
> 名詞（末尾パッチムあり）＋ **이에요**　　 連音化に注意！

대학교예요.　大学です。　　학생이에요.　学生です。
 パッチム ㅇ の後ろは連音化しない。

 韓国語にも日本語と同じように用言（動詞や形容詞など）の活用があります。日本語の「～です」は「～だ」が活用した形です。上で紹介した韓国語の「예요」「이에요」も同様に活用形で、活用前の形は「이다（～だ）」という用言です。この活用前の形を本テキストでは基本形と呼ぶことにします。基本形のままでは普通の会話では使えませんが、辞書には基本形が掲載されているので、覚える必要があります。

⑶　助詞「〜は 는/은」、AはBです

　「〜です」の前に「A は」にあたる言葉を入れれば「A は B です」という文になります。助詞「は」は手前の名詞の末尾にパッチムがなければ「는」、あれば「은」です。

　　　저는 학생이에요.　私は学生です。　　　집은 후쿠오카예요.　家は福岡です。

連音化に注意！

⑷　助詞「〜が 가/이」

　助詞「が」は手前の名詞の末尾にパッチムがなければ「가」、あれば「이」です。日本語では「は」が自然なところに、韓国語では「が」が使われることもあるので気をつけましょう。

　　　학교가　学校が　　　　　학생이　学生が

⑸　있다　ある・いる、Cがあります

　「あります」「います」はどちらも「있어요.」といいます。基本形は「있다（ある、いる）」です。活用の仕組みは第 4 課で学習します。「있어요」の前に「C が」にあたる言葉を入れれば「C があります、います」という文になります。

　　　대학교가 있어요.　大学があります。　　　　학생이 있어요.　学生がいます。

1-B 否定形

⑴ **名詞＋ではありません**

「である」の基本形は이다でしたが、「ではない」の基本形は아니다です。「名詞＋ではありません」は次のように表現します。

> **名詞（末尾パッチムなし）＋ 가 아니에요**
> **名詞（末尾パッチムあり）＋ 이 아니에요**

 助詞に注意！

「〜ではない（ありません）」という時には、「아니다（아니에요）」の前に助詞「가 / 이」を入れなければなりません。また、「〜ではありません」の前に「A は」にあたる言葉を入れれば「A は B ではありません」という文になります。

가린 씨는 고양이가 아니에요.　　かりんさんはネコではありません。

미케는 학생이 아니에요.　　ミケは学生ではありません。

 「○○さん」の「さん」は씨を使います。씨の前には分かち書きが必要です。

⑵ **C がありません、C がいません**

「ない、いない」の基本形は「없다」です。「ありません」「いません」はどちらも「없어요」といいます。濃音化がおこるため、発音をハングルで示すと［업써요］です（P.28）。「없어요」の前に「C が」にあたる言葉を入れれば「C がありません、いません」という文になります。

대학교가 없어요.　　大学がありません。

학생이 없어요.　　学生がいません。

1-C 📖 : 練習

練習1

1) 下の単語を発音し、スペルと意味を覚えましょう。

2) 下の単語を使って「A は B です」「C があります、います」「A は B ではありません」「C がありません、いません」 という表現をたくさん作ってみましょう。

3) 2) で作った文章を友人や先生の前で発音してみましょう。友人の言った内容を聞き取ってみましょう。

家族の呼称など

☐ 名前 **이름**	☐ 家族 **가족**
☐ お母さん **어머니 , 엄마**	☐ お父さん **아버지 , 아빠**
☐ お婆さん **할머니**	☐ お爺さん **할아버지**
☐ (男から見た) お姉さん **누나**	☐ (女から見た) お姉さん **언니**
☐ (男から見た) お兄さん **형**	☐ (女から見た) お兄さん **오빠**
☐ 弟 **남동생**	☐ 妹 **여동생**
☐ ネコ **고양이**	☐ イヌ **개**

学校、仕事

☐ 先生 **선생님**	☐ 生徒 **학생**	☐ 留学生 **유학생**
☐ 幼稚園 **유치원**	☐ 小学校 **초등학교**	☐ 中学校 **중학교**
☐ 高等学校 **고등학교**	☐ 大学 **대학교**	☐ 小学生 **초등학생**
☐ 中学生 **중학생**	☐ 高校生 **고등학생**	☐ 大学生 **대학생**
☐ 友だち **친구**	☐ 先輩 **선배**	☐ 会社員 **회사원**
☐ 公務員 **공무원**	☐ 歌手 **가수**	☐ 俳優 **배우**

練習2

　声を出して読んでみましょう。 また、意味を確かめてみましょう。単語はここまでの学習で既に出てきています。

① 마이코 씨는 프리티대학교 학생이에요.

② 언니는 회사원이에요.

③ 언니는 배우가 아니에요.

④ 집에는 개가 없어요.

⑤ 할머니는 공무원이에요.

⑥ 지은 씨는 한국 유학생이에요.

⑦ 지은 씨는 집에 고양이가 있어요.

⑧ 고양이 이름은 나비예요.

⑨ 남동생은 고등학생이에요.

⑩ 남동생은 성은이라고 해요.

練習3

　ここまで学習した単語と表現を使って、友人に簡単な自己紹介をしてみましょう。

第 2 課　고양이하고 같이 삽니다.

🐱 丁寧な語尾

♪ 19

> 저는 류지은이라고 합니다.
>
> 한국인 유학생입니다.
>
> 매일 일본어하고 일본 역사를 공부합니다.
>
> 고양이하고 같이 삽니다.

単語

(이)라고 하다	～という	한국인	韓国人
유학생	留学生	매일	毎日
일본어	日本語	역사	歴史
를 / 을	を	공부 (하다)	勉強（する）
하고	と（類語 과 / 와，랑 / 이랑）	같이	一緒に
살다	暮らす		

発音　　합니다 [함니다]　　같이 [가치]

> 私はリュ・チウンといいます。
> 韓国人留学生です。
> 毎日、日本語と日本の歴史を勉強しています。
> ネコと一緒に暮らしています。

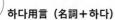

🐱 **하다用言（名詞＋하다）**
　韓国語では多くの名詞に「하다」がついて動詞や形容詞を作ります。
各課の【単語】で（하다）と表記されているのは、하다をつけると用言
になることを意味します。

38

2-A 丁寧な語尾 ㅂ니다 / 습니다

第1課でも述べたように、丁寧な語尾には「요」と「ㅂ니다 / 습니다」の2種類があります。両方とも日本語にすれば「です、ます」に相当しますが、「ㅂ니다 / 습니다」の方がより格式ばったいい方です。韓国のテレビドラマで軍隊のシーンが出てきますが、そこではこの語尾が使われているはずです。第2課ではㅂ니다 / 습니다の語尾を学びましょう。

韓国語では用言の基本形は必ず다で終わります。**다をとった状態を語幹**といいます。語幹末のパッチムの有無によって用言は3つに分類され、語尾へのつながり方が変わります。

⑴ 語幹末にパッチムがない場合（母音語幹）… 語幹＋ㅂ니다

語幹末にパッチムがない場合は語幹に「ㅂ니다」がつきます。第1課で学んだ「AはBです」は実は「이다」という用言を「요」語尾でいうものでした。この課ではそれを「ㅂ니다」の語尾でいえるようになりましょう。

남동생은 대학생이에요. → 남동생은 대학생입니다.
가린 씨는 친구예요.　 → 가린 씨는 친구입니다.

⑵ 語幹末にパッチムがある場合（子音語幹）… 語幹＋습니다

語幹末にㄹ以外のパッチムがある場合、語幹に습니다がつきます。第1課で学んだ「Cがいます」を「습니다」でいうと次のようになります。

한국에 친구가 있어요. → 한국에 친구가 있습니다.

⑶ 語幹末のパッチムがㄹの場合（ㄹ語幹）… 語幹ーㄹ＋ㅂ니다

語幹末がㄹパッチムの場合、語幹からㄹを取ったうえで「ㅂ니다」がつきます。

저는 어머니하고 같이 삽니다. 私は母と一緒に暮らしています。

🐱 살다 (生きる、暮らす) も사다 (買う) も丁寧な語尾は両方삽니다になります。見つけたときは文脈に注意し、意味を考えて読みましょう。

⑷ 疑問形

「ㅂ니다 / 습니다」の末尾「다」を「까?」とするだけで疑問形になります。

한국 회사에 다닙니까?　　韓国の会社に通っていますか？
한국 드라마를 봅니까?　　韓国ドラマを見ますか？

基本形を「ㅂ니다.(까?) / 습니다.(까?)」に活用し発音してみましょう。

ㅂ니다/습니다の語尾

基本形	意味	ㅂ니다/습니다. です	ㅂ니까/습니까? ですか
이다	～だ、である	입니다	입니까?
아니다	～ではない		
있다	いる、ある		
없다	いない、ない		
가다	行く		
사다	買う		
보다	見る		
배우다	学ぶ		
좋아하다	好きだ、好む		
마시다	飲む		
다니다	通う		
먹다	食べる		
받다	もらう		
알다	知る、わかる		
놀다	遊ぶ		
살다	生きる、暮らす		

2-B　よく使う助詞、指定詞・存在詞

⑴　**助詞**

　各課で出てくるときに再度確認しますが、先によく使う助詞を一覧にしておきます。助詞には、直前の文字にパッチムがあるかないかで異なるものがあるので、慣れるまで注意して書くようにしてください。

直前の文字（末尾）のパッチムの有無で異なる助詞

	は	が	と	を		で、によって、へ	や、でも
末尾パッチム なし	는	가	와 랑	하고	를	로	나
末尾パッチム あり	은	이	과 이랑		을	으로 ただし ㄹ パッチム なら 로	이나

直前の文字（末尾）のパッチムの有無に関係なく同じ助詞

に	も	の	から	まで	（人）から	（人）に	で、において
에	도	의〔에〕	부터（時間） 에서（場所）	까지	에게서 한테서	에게 한테	에서

　なお、日本語と同様に助詞は 2 つ合わせて使うことができます。

　　　에는　には　　　　에도　にも　　　　까지는　までは

　また、「の」は日本語ではたくさん使いますが、韓国語では「의」はあまり使用しません。どこで入れればいいのか迷いますが、とりあえずはあまり使わないのだと思ってください。日本語訳するときには適宜「の」を入れて訳すようにしましょう。

　　　지은 씨 집　チウンさんの家　　　　일본 개　日本のイヌ

助詞は日本語と使い方が似ていますが、まったく同じではありません。例えば「～を知っている、～がわかる」という場合は 를／을 알다 で表現します。同様に「～が好きだ」という場合は 를／을 좋아하다 と表現します。「好きだ」の手前に「が」にあたる助詞を入れないように注意してください。

　　　　　　　　　를／을 알다　　　～がわかる　～を知っている
　　　　　　　　　를／을 좋아하다　～が好きだ
　　　　　　　　　를／을 만나다　　～に会う

⑵ **指定詞・存在詞**

　用言の中でも、이다と아니다は指定詞、있다と없다は存在詞と呼んで区別します。連体形の作り方などで違いが出るためですが、あくまで便宜上の区分で、韓国では区別していません。呼び方がむずかしいと思う人は、指定詞、存在詞という言葉は覚えなくても構いません。連体形の学習（第9課）の際などに、動詞や形容詞との違いが理解できるようになりましょう。

2-C　単語をふやそう①　**食事・食べ物・料理・果物・お菓子**

食事 식사

□朝食 **아침**	□昼食 **점심**	□夕食 **저녁**	□ごはん **밥**
□パン **빵**	□おかず **반찬**	□キムチ **김치**	□ナムル **나물**
□汁 **국**	□海苔 **김**	□肉 **고기**	□サカナ **생선**
□卵 **계란**	□ニワトリ **닭**	□ブタ **돼지**	□ウシ **소**

食べ物・料理 음식・요리

□海苔巻き **김밥**	□チゲ **찌개**	□スンドゥブ **순두부**
□トッポッキ **떡볶이**	□タッカルビ **닭갈비**	□サムギョプサル **삼겹살**
□テジカルビ **돼지갈비**	□プルゴギ **불고기**	□カルビタン **갈비탕**
□カムジャタン **감자탕**	□ラーメン **라면**	□ソルロンタン **설렁탕**
□サムゲタン **삼계탕**	□チャプチェ **잡채**	□おかゆ **죽**
□チャジャンミョン **짜장면**	□ウドン **우동**	□カルグクス **칼국수**
□サラダ **샐러드**	□オムライス **오므라이스**	

果物・お菓子 과일・과자

□リンゴ **사과**	□ミカン **귤**	□イチゴ **딸기**	□スイカ **수박**
□モモ **복숭아**	□ブドウ **포도**	□チョコパイ **초코파이**	□ケーキ **케이크**
□チョコレート **초콜릿**	□アイスクリーム **아이스크림**	□クッキー **쿠키**	

練習2

2-C の単語から好きなものを選び、食べたり買ったりしてみましょう。

저는 빵을 먹습니다.　　　　　　私はパンを食べます。

어머니가 우동을 삽니다.　　　　　母がウドンを買います。

집에는 케이크가 없습니다.　　　　家にはケーキがありません。

2-D 　単語をふやそう②　**地域・人・言葉　지역・사람・말**

　いろいろな地域名を人や言葉と合わせて学んでおきましょう。「人」はハングルでは인か사람と表記します。前者が漢字語、後者は固有語です。言葉は漢字の「語」にあたる어か固有語の말を使いますが、近年は簡単な어を使うことが多いようです。英語圏は英語で呼称が統一されていて、「米国語」などと呼ぶことはありません。

	地域名	人	言葉
日本	일본	일본인 / 일본 사람	일본어 / 일본말
韓国	한국	한국인 / 한국 사람	한국어 / 한국말
朝鮮	조선	조선인 / 조선 사람	조선어 / 조선말
中国	중국	중국인 / 중국 사람	중국어 / 중국말
台湾	대만	대만인 / 대만 사람	중국어 / 중국말
米国	미국	미국인 / 미국 사람	영어
英国	영국	영국인 / 영국 사람	영어
オーストラリア	호주	호주인 / 호주 사람	영어
ドイツ	독일	독일인 / 독일 사람	독일어 / 독어
フランス	프랑스	프랑스인 / 프랑스 사람	프랑스어 / 불어
スペイン	스페인	스페인인 / 스페인 사람	스페인어
ロシア	러시아	러시아인 / 러시아 사람	러시아어

練習3

食べ物や有名人がどの地域のもの・人なのか紹介してみましょう。

김치는 한국 음식입니다. 　　　キムチは韓国の食べ物です。

존 레논은 영국인입니다. 　　　ジョン・レノンは英国人です。

2-E　あいさつのいろいろ

♪
20

声に出して言ってみましょう。

❀ こんにちは	안녕하십니까?
❀ はじめまして	처음 뵙겠습니다.
❀ お会いできて嬉しいです	반갑습니다.
❀ よろしくお願いします	잘 부탁합니다.
❀ さようなら（去る人に向かって）	안녕히 가십시오.
（残る人に向かって）	안녕히 계십시오.
❀ ありがとうございます	감사합니다. / 고맙습니다.
❀ すみません	미안합니다.
❀ 申し訳ありません	죄송합니다.
❀ ごちそうさまでした	잘 먹었습니다.
❀ けっこうです、大丈夫です	괜찮습니다.

　友だち同士になれば、もっとくだけた表現になります。しかし、年上の人に対してはあくまで敬語を使いますし、こうした丁寧なあいさつは基本として身に着けていってください。

練習4

　2-E のあいさつ表現を使用して、友人とあいさつしてみましょう。

練習5

　声を出して読んでみましょう。また、意味を確かめてみましょう。単語はここまでの学習で既に出てきています。

① 가린 씨는 매일 프리티대학교에 다닙니다.

② 가린 씨는 학교에서 한국어를 공부합니다.

③ 가린 씨는 한국 드라마를 좋아합니다.

④ 고양이도 가족입니다.

⑤ 고양이 이름은 미케입니다.

⑥ 미케도 같이 한국 드라마를 봅니다.

⑦ 미케는 개가 아닙니다.

⑧ 가린 씨는 매일 빵을 삽니다.

⑨ 가린 씨는 남동생도 여동생도 없습니다.

⑩ 가린 씨 언니는 한국어를 압니다.

第3課 만화를 안 그립니까?

🐾 否定形と漢数詞

22

마이코 : 가스가 마이코입니다.

　　　　　프리티대학교 1 학년입니다.

용한　　 : 대학교에서 경제학을 공부합니까?

마이코 : 아니요, 경제학은 공부하지 않습니다.

　　　　　사회학과에서 만화를 연구합니다.

용한　　 : 그럼 마이코 씨는 만화를 안 그립니까?

単語

1 (일) 학년	1 年生	경제학	経済学
아니요	いいえ	用言の語幹＋지 않다	〜ない（否定形）
사회	社会	만화	マンガ
학과	学科	그럼	では、じゃあ
연구 (하다)	研究（する）	그리다	描く、書く
안	〜ない（否定形）		

発音　　일 학년 [이랑년]　　만화 [마놔]

まいこ　　：かすが・まいこです。
　　　　　　プリティ大学の 1 年生です。
ヨンハン：大学で経済学を勉強していますか？
まいこ　　：いいえ、経済学は勉強していません。
　　　　　　社会学科でマンガを研究しています。
ヨンハン：では、まいこさんはマンガを描かないのですか？

46

3-A　用言の2つの否定形

第1課では名詞の否定形「가 / 이 아니에요」(1-B) を学習しました (ㅂ니다語尾の場合は「가 / 이 아닙니다」です)。ここでは、用言の否定形を学習します。

(1) 2つの否定形

❶ 語幹 + 지 않습니다

❷ 안 用言

用言の否定形には 2 つの言い方があります。

ひとつは「語幹+지 않다」です。않다 [안타] は基本形なので、丁寧な語尾に活用すると「않습니다 [안씀니다]」になります。

もう一つは「안 用言」です。用言の前に否定を示す「안」を加えます。日本語には見られない形ですね。どちらも意味は同じになります。

　　저는 만화를 그리지 않습니다.　　私はマンガを描きません。

　　저는 만화를 안 그립니다.　　私はマンガを描きません。

(2) 하다用言（名詞＋하다）の否定形

하다 用言（名詞＋하다）を否定する場合、「안」は用言の前ではなく、「하다」の直前につくので注意が必要です。ただし、좋아하다のように用言に하다がついている場合は用言の前に안がつくので気をつけましょう。

　　경제학은 공부 안 합니다.　　経済学は勉強していません。

　　저는 라면을 안 좋아합니다.　　私はラーメンが好きではありません。

3-B 反対語を使う否定表現

(1) 「はい」と「いいえ」

「はい」は「네」または「예」、「いいえ」は「아니요」または「아뇨」です。英語式に肯定文・否定文でイエス・ノーを使い分けるのではなく、日本語と同様に前の問いに対してそうであれば「はい」、ちがえば「いいえ」を使います。

(2) 反対語による否定表現

否定形ではなく反対語を用いて否定する場合もあります。「있다」の否定には原則として「없다」を使用しますし、その逆も同様です。「알다（知る、わかる）」の否定には「모르다（知らない、わからない）」を使います。알지 않습니다 とか 안 압니다 という表現は特別な場合を除き使用しませんから、注意してください。

누나가 있습니까? — 아니요. 없습니다.　　姉がいますか？— いいえ、いません。

사회학을 압니까? — 아니요. 모릅니다.　　社会学がわかりますか？— いいえ、わかりません。

(3) 있다と없다を使う表現

(2)に書いたように、「있다」を含む単語の否定には「없다」を使用することがあります。「맛있다 おいしい」の否定は「맛없다 まずい」、「재미있다 面白い」の否定は「재미없다 面白くない」です。ここでいう「面白い」は funny だけではなく interesting を含めた意味です。発音では「맛있다」はそのまま連音しますが、「맛없다」ではパッチム ㅅ を ㄷ と読んで [마덥따] という決まりになっているので注意してください。「약속 約束」、「시간 時間」、「인기 人気」などの名詞に「ある / ない」を付けて日本語と同じように使うことができます。

> 맛있다 [마싣따] おいしい　　맛없다 [마덥따] まずい
> 재미있다 [재미읻따] 面白い　　재미없다 [재미업따] 面白くない
> 멋있다 [머싣따] かっこいい　　멋없다 [머덥따] かっこ悪い

練習1

助詞に気を付けながら言葉を入れ替えていってみましょう。

① ○○がおいしいです。

② △△は面白いですか？

③ □□さんは約束がありますか？

④ ★★さんは時間がありますか？

⑤ ▽▽は日本で人気があります。

3-C　漢数詞

韓国語には2種類の数の数え方（漢数詞・固有数詞）があります。この課では、漢字語の数の数え方を学びましょう。漢字語ですから、日本語と発音も似ています。まず、1から10までです。

1	2	3	4	5	6	7	8	9	10
일	이	삼	사	오	육	칠	팔	구	십

では、11から先はどうでしょうか。たとえば11は10（십）と1（일）を続けて「십일」、12はやはり10（십）と2（이）を続けて「십이」といえばいいです。11〜20までを書くと次のようになります。下段の［　］は発音です。

11	12	13	14	15	16	17	18	19	20
십일	십이	십삼	십사	십오	십육	십칠	십팔	십구	이십
[시빌]	[시비]	[십쌈]	[십싸]	[시보]	[심뉵]	[십칠]	[십팔]	[십꾸]	[이십]

ここで注意してほしいのは発音です。数字によって、連音したり濃音化、鼻音化したりすることです。11、12、15は連音します。13、14、19は濃音化します。16は特殊でㄴが挿入され、そのためにパッチムㅂがㅁに鼻音化して、[십늇]→[심늇]になります。

20は「이십」です。同じようにして99までいうことができます。百は「백」、千は「천」、万は「만」、億は「억」です。これで大きな数もすべていえますね。ゼロは영または공といいます。

なお、日本語では百円、千円という時は1をつけず、万以上で1万円、1億円というように1をつけますが、韓国語は百、千、万では1をつけず、億から1をつけます。したがって、1万円というときは、일만엔ではなく만엔というのです。

ちなみに、円は「엔」、韓国のお金の単位ウォンは「원」、年は「년」、月は「월」、日は「일」です。

練習2

1）1〜31まで漢数詞で書き、発音してみましょう。

2）次の数字を漢数詞で書き、発音してみましょう。

　　①111　　②1234　　③15000　　④21600

3

否定形と漢数詞

3-D　漢数詞と年月日

漢数詞を使う最も代表的な例は、やはり年月日をいう場合でしょう。しかし、漢数詞に単位をつけていう場合に発音上の規則を知っておくことが大切です。年の場合、1年、7年、8年で流音化 (P.26) し、6年で ㄱ が ㅇ に、10年で ㅂ が ㅁ になります (鼻音化、P.26)。「〜年生まれ」は「〜년생」といいます。

1年 일년 [일련]	2年 이년	3年 삼년	4年 사년	5年 오년
6年 육년 [융년]	7年 칠년 [칠련]	8年 팔년 [팔련]	9年 구년	10年 십년 [심년]

これに対して、月は1、3、7、8、11月で連音する以外はむずかしくありません。ただし、6月ではパッチムの ㄱ が、10月ではパッチムの ㅂ が、いずれも脱落してスペル自体が書かれることがありません。6月と10月のスペルには充分注意してください。また、数字と単位の間には通常分かち書きが必要ですが、〜月に関しては現段階ではつけて書くようにしてください。

1月 일월	2月 이월	3月 삼월	4月 사월
5月 오월	6月 유월	7月 칠월	8月 팔월
9月 구월	10月 시월	11月 십일월	12月 십이월

日は1、3、6、7、8、10日で連音するだけで、スペルが変わることもありませんから、素直に覚えられます。

1日 일일	2日 이일	3日 삼일	4日 사일	5日 오일
6日 육일	7日 칠일	8日 팔일	9日 구일	10日 십일

ただし、21日「이십일 일 [이시비릴]」、31日「삼십일 일 [삼시비릴]」など末尾が1だと、1と日が同じ「일」で発音されるので、混乱してきます。考えながら落ち着いて発音しましょう。あとは26日の「이십육일 [이심뉴길]」のように数の中に「16」が含まれる場合は発音がむずかしいので注意が必要です。

「いくつ」という疑問詞は 몇 ですが、単位を伴うので発音に注意が必要です。「何日」は「며칠」が正しい表記とされています。

몇년 [면년]　몇월 [며둴]　며칠

「いくら」は 얼마 です。

사과는 얼마예요?　リンゴはいくらですか?

50

練習3

適切な数字を入れて、次の文を完成させ、発音してみましょう。

① 今日は＿＿＿＿年＿＿月＿＿日です。

② 私の誕生日は＿＿＿＿年＿＿月＿＿日です。

今日 오늘

私の 제　誕生日 생일

練習4

2-C の単語に値段をつけ、発音してみましょう。疑問形の文も作ってみましょう。

김치는 사백오십 엔이에요.　キムチは450円です。

김은 백이십 엔이에요?　海苔は120円ですか？

練習5

♪
23

声を出して読んでみましょう。また、これまでの学習内容や巻末の索引を参考に、意味を確かめてみましょう。

① 이용한 씨는 회사원입니다.

② 용한 씨는 1995년생입니다.

③ 용한 씨는 회사에서 인기가 있습니다.

④ 용한 씨는 감자탕을 좋아합니다.

⑤ 용한 씨는 5월10일에 지은 씨 집에 갑니다.

⑥ 마이코 씨도 같이 갑니다.

⑦ 용한 씨는 케이크를 삽니다.

⑧ 마이코 씨는 딸기하고 초코파이를 삽니다.

⑨ 지은 씨 생일은 1999년 10월 16일입니다.

⑩ 마이코 씨 생일은 2002년 6월 11일입니다.

그 연습은 언제 해요?

요語尾

♪24

겐타 : 우리 케이팝 동아리에 관심이 있어요?

가린 : 네, 한국 노래하고 댄스를 아주 좋아해요.

겐타 : 우리 매주 여기서 댄스 연습을 해요.

가린 : 요즘 그 연습은 언제 해요?

単語

우리	私たち	케이팝	K-POP
동아리	サークル	관심	関心
노래 (하다)	歌 (う)	댄스	ダンス
아주	とても	매주	毎週
여기서	ここで (여기 + 에서)	연습 (하다)	練習 (する)
요즘	この頃、最近	그	その
언제	いつ		

発音 　좋아해요 [조아해요 / 조아애요]

けんた : 私たちの K-POP サークルに関心がありますか？
かりん : はい、韓国の歌とダンスがとても好きです。
けんた : 私たちは毎週ここでダンスの練習をします。
かりん : この頃、その練習はいつしていますか？

もうひとつの丁寧な語尾요

丁寧な語尾にはもうひとつ「요」があります。今度は語幹末の母音が何かによって、요語尾へのつながり方が変わります。このパターンの活用の形を第Ⅲ語基と呼びます。韓国語の用言は3段の活用に整理でき、その3段目の活用ということです。요のほかにも、第Ⅲ語基に続く語尾はありますが、次の第5課で紹介しましょう。

⑴　**語幹末の母音が ㅏ ㅗ の場合（陽母音）**

> **語幹＋아요**　子音語幹は簡単。母音語幹だと母音の複合が起こることが多い。

받다 ⇒ 받아요　　살다 ⇒ 살아요　　놀다 ⇒ 놀아요

가다 ⇒ (가아요 ⇒) 가요　　만나다 ⇒ (만나아요 ⇒) 만나요

보다 ⇒ (보아요 ⇒) 봐요　　오다 ⇒ (오아요 ⇒) 와요

⑵　**語幹末の母音が ㅏ ㅗ 以外の場合（陰母音）**

> **語幹＋어요**　子音語幹は簡単。母音語幹だと母音の複合が起こることが多い。

먹다 ⇒ 먹어요　　있다 ⇒ 있어요　　없다 ⇒ 없어요

서다 ⇒ (서어요 ⇒) 서요　기다리다 ⇒ (기다리어요 ⇒) 기다려요

배우다 ⇒ (배우어요 ⇒) 배워요　　되다 ⇒ (되어요 ⇒) 돼요

보내다 ⇒ (보내어요 ⇒) 보내요　　쉬다 ⇒ 쉬어요

켜다 ⇒ (켜어요 ⇒) 켜요

⑶　**하다 の場合**

> **常に해요**　공부하다 ⇒ 공부해요　　좋아하다 ⇒ 좋아해요

「요」のあとに？をつければ疑問形になります。他にも、요語尾の文章は、文脈によって勧誘や命令の意味にもなる、なかなかのすぐれものです。

한국에 친구가 있어요?　　韓国に友人がいますか？［疑問］

내일 센다이에 가요.　　明日、仙台に行きましょう。［勧誘］

한국어를 매일 공부해요.　　韓国語を毎日勉強しなさい。［命令］

基本形を「ㅂ니다 / 습니다」語尾と「요」語尾に活用し発音してみましょう。

動詞・存在詞の丁寧な語尾

살다	生きる 暮らす	삽니다	살아요
받다	もらう		
알다	知っている わかる		
놀다	遊ぶ		
가다	行く		
사다	買う		
타다	乗る		
만나다	会う		
오다	来る		
보다	見る		
먹다	食べる		
맛있다	おいしい		
입다	着る		
읽다	読む		
만들다	作る		
서다	立つ （駅などで）停まる		
되다	なる、いい		

보내다	送る		
기다리다	待つ		
마시다	飲む		
가르치다	教える		
배우다	学ぶ		
쉬다	休む		
좋아하다	好きだ、好む		
공부하다	勉強する		
잘하다	上手だ、得意だ		
있다	いる、ある		
없다	いない、ない		

形容詞の丁寧な語尾

좋다	いい	좋습니다	좋아요
많다	多い		
적다	少ない		
멀다	遠い		
괜찮다	よい、結構だ		

4-B　指示代名詞

　第４課の本文では「그 その」という指示代名詞が登場しました。韓国語では「この」を「이」、「その」を「그」、「あの」を「저」といいます。疑問詞「どの」は「어느」といいます。これらの後には名詞がつきます。

　「このもの」という意味での「これ」は「이것」、「それ」は「그것」、「あれ」は「저것」といいます。会話では「これ」を「요것」ともいいます。「것」は「もの、こと、の」という意味です。省略形として「거」や、「것이 ものが」を短縮した「게」、「것은 ものは」にあたる「건」、「것을 ものを」にあたる「걸」もよく使います。「どのもの」という意味での「どれ」は「어느 것」を使います。「どの」「どれ」とせず、「なに」という場合は「무엇」を使います。

　場所を表わす言葉としては、「ここ」を「여기」、「そこ」を「거기」、「あそこ」を「저기」といいます。「どこ」は「어디」です。また、「あちこち」という場合、日本語と逆に여기저기といいます。そしてここにあげた場所を示す言葉を助詞「에 〜に」、「에서 〜で」とあわせて使う時は、「에」をしばしば省略します。

　「이、그、저」は物事を指し示す言葉の基本的なものですから早く覚えて使えるようになりましょう。

이	この	그	その	저	あの	어느	どの
이것	これ	그것	それ	저것	あれ	어느 것	どれ
여기	ここ	거기	そこ	저기	あそこ	어디	どこ

練習2

指示代名詞を入れ替え、様々な文を作って発音してみましょう。

① 그것은 아버지 책이에요.　　それは父の本です。

② 어느 것을 봐요?　　どれを見ますか？

③ 여기서 빵을 사요.　　ここでパンを買います。

④ 저기가 우리 대학교예요.　　あそこがうちの大学です。

⑤ 관광학과는 어디예요?　　観光学科はどこですか？

25

練習3

　声を出して読んでみましょう。また、これまでの学習内容や巻末の索引を参考に、意味を確かめてみましょう。

① 겐타 씨는 관광학과 3학년 학생이에요.

② 겐타 씨는 케이팝 노래도 댄스도 좋아해요.

③ 프리티대학교에는 케이팝 동아리가 있어요.

④ 댄스 연습은 아주 재미있어요.

⑤ 가린 씨는 집에서도 댄스 연습을 해요.

⑥ 지은 씨한테서는 노래를 배워요.　　　　　[参考] 2-B

⑦ 가린 씨는 미케한테 댄스를 가르쳐요.　　[参考] 2-B

⑧ 미케는 요즘 가린 씨 연습을 봐요.

⑨ 미케는 집에서 댄스를 해요.

⑩ 미케는 한국어도 알아요.

第5課 날씨가 좋으면 놀러 가요.

🐱 **3つの語基**

♪
26

마이코 : 오늘 미케는 집에 없어요?

가린　　: 날씨가 좋으면 가끔 밖으로 놀러 가요.

마이코 : 지금 어디서 무엇을 하고 있을까요?

가린　　: 저녁에 돌아오니까 걱정 안 해도 돼요.

単語

오늘	今日	날씨	天気
좋다	いい	Ⅱ + 면	れば、たら
가끔	ときどき	밖	外
로 / 으로	〜へ	Ⅱ + 러	〜しに
지금	今	어디	どこ
어디서	どこで（어디에서 の縮約形）	무엇	何
Ⅰ + 고 있다	〜している	Ⅱ + ㄹ까요?	〜でしょうか?
저녁	夕方	돌아오다	帰る、帰ってくる
Ⅱ + 니까	〜だから、なので	걱정 (하다)	心配（だ）
Ⅲ + 도	〜しても	되다	なる、いい

発音　　좋으면 [조으면]　　안 해도 [아내도]

まいこ：今日ミケは家にいないのですか？
かりん：天気がいいと時々外に遊びに行きます。
まいこ：今どこで何をしているのでしょうか？
かりん：夕方に帰ってくるので、心配しなくてもいいです。

5-A ## ３つの語基

前の課で述べたように韓国語は３種類の活用をします。これを３つの語基と呼び、ローマ数字でⅠ，Ⅱ，Ⅲと区別します。それぞれの語基にどの語尾がつくかは決まっています。

韓国語研究においては、語幹や語基について研究途上の点があり、テキストによって記述の違いがありますが、ここでは便宜的にわかりやすい説明をします。

⑴　**第Ⅰ語基**

第Ⅰ語基は語幹と同じです。接続する語尾には以下のようなものがあります。

> Ⅰ＋고　～て（並列の接続）　　Ⅰ＋고 있다　～している
> Ⅰ＋고 싶다　～したい　　Ⅰ＋지만　～だが、けれど
> Ⅰ＋지 않다　～しない、でない
> Ⅰ＋ㅂ니다（母音語幹）・습니다（子音語幹）　～です、ます
> 　（ただしㄹ語幹の用言は語幹-ㄹ＋ㅂ니다　です。）

미케는 밖으로 가고 가린 씨는 집에 있어요.

마이코 씨는 지금 학교에 있지만 저녁에는 집에 돌아와요.

저는 요코하마에 살고 싶어요.

⑵　**第Ⅱ語基**

第Ⅱ語基は母音語幹なら語幹と同じ、子音語幹なら語幹＋으です。接続する語尾には以下のようなものがあります。

> Ⅱ＋면　～れば、たら　　Ⅱ＋면서　～しながら
> Ⅱ＋니까　～だから、するから　　Ⅱ＋러　～しに
> Ⅱ＋ㄹ까요？　～でしょうか？　～しましょうか？

ただしㄹ語幹の用言は「니까」「ㄹ까요？」につながる場合は語幹末のㄹを落としてつながります。

시간이 없으면 아침은 안 먹어요.　　時間がなければ朝食は食べません。

한국어를 공부하면서 미케하고 놀아요.　韓国語を勉強しながらミケと遊びます。

댄스를 좋아하니까 매일 연습을 해요.　ダンスが好きだから毎日練習をします。

나비를 보러 지은 씨 집에 가요.　ナビを見にチウンさんの家に遊びに行きます。

미케는 한국어 공부를 하고 있을까요?　ミケは韓国語の勉強をしているのでしょうか？

5　３つの語基

⑶ ㄹ語幹の注意事項

(1)(2)で述べたように、ㄹ語幹の用言は第Ⅰ語基、第Ⅱ語基で語尾によって語幹末のㄹを落としてつながる場合があります。

第Ⅰ語基の場合は「ㅂ니다」、第Ⅱ語基の場合は「니까」「ㄹ까요 ?」などが該当します。パターンは秋学期に変則活用を学んでいく中であらためて確認します。

⑷ 第Ⅲ語基と語尾

第4課ですでに出てきましたが、第Ⅲ語基についてもう一度確認しましょう。

> **第Ⅲ語基は** 　語幹末母音が ㅏ, ㅗ（陽母音）なら語幹＋아
> 　　　　　　　語幹末母音がそれ以外（陰母音）なら語幹＋어
> 　　　　　　　하다用言なら하が해

となる活用の形です。**接続する**語尾には以下のようなものがあります。

Ⅲ＋요　～です	Ⅲ＋서　～して、で
Ⅲ＋도　～しても、でも	Ⅲ 보다　～してみる
Ⅲ 버리다　～してしまう	Ⅲ 주다　～してあげる、くれる

ただし、母音語幹の用言の場合、母音の複合が起こり、ちょっと複雑なことは 4-A で学びました。

오늘 미케가 없어서 재미없어요.	今日はミケがいないので楽しくないです。
그 드라마를 봐도 재미없어요.	そのドラマを見ても面白くないです。
한국어를 공부해 봐요.	韓国語を勉強してみます。
오빠는 가끔 떡볶이를 사 줘요.	お兄さんは時々トッポッキを買ってくれます。

第Ⅲ語基については第 10 課で復習と応用をします。

練習1

基本形を各語基に活用し、表を完成させましょう。

動詞・存在詞の３つの語基

基本形	意味	第Ⅰ語基	第Ⅱ語基	第Ⅲ語基
받다	もらう	받	받으	받아
살다	生きる、暮らす	살 / 사	살 / 사	살아
놀다	遊ぶ	/	/	
사다	買う			
만나다	会う			
오다	来る			
보다	見る			
먹다	食べる			
읽다	読む			
배우다	学ぶ			
서다	立つ、停まる			
기다리다	待つ			
되다	なる			
좋아하다	好きだ、好む			
있다	いる、ある			
없다	いない、ない			

学生生活 학생생활, 학교생활

- □ 宿題 **숙제**　　□ 試験 **시험**　　□ 授業 **수업**　　　□ 質問 **질문**
- □ 教室 **교실**　□ 席 **자리**　□ 教科書 **교과서**　□ ～時間目（일, 이, 삼で）**교시**
- □ 鉛筆 **연필**　　□ 筆入れ **필통**　□ 辞典、辞書 **사전**　□ 書店 **서점**
- □ 電子辞書 **전자사전**　□ コンピューター **컴퓨터**　□ サークル **동아리 / 서클**
- □ 図書館 **도서관**　□ 本 **책**　　□ 食堂 **식당**　　□ 塾、予備校 **학원**
- □ アルバイト **아르바이트 / 알바**　□ 学期 **학기**　　□ 入試 **입시**
- □ 卒業 **졸업**　　□ 就職 **취직**　　□ 保健室 **보건실**

日常生活 일상생활

- □ 携帯電話 **핸드폰 / 스마트폰**　□ メール **메일**　□ コンビニ **편의점** [펴니점]
- □ スーパー **슈퍼**　□ マート **마트**　□ デパート **백화점**　□ 帽子 **모자**
- □ 公園 **공원**　　□ 市場 **시장**　　□ 服 **옷**　　　□ お金 **돈**
- □ 写真 **사진**　　□ 美術館 **미술관**　□ 映画 **영화**　　□ テレビ **텔레비전**
- □ 化粧品 **화장품**　□ トイレ **화장실**　□ 配達、デリバリー **배달**　□ 薬 **약**

飲み物 음료수 [음뇨수]

*「飲料水」という漢字語だがジュースなど含む

- □ 水 **물**　　　□ コーヒー **커피**　□ 牛乳 **우유**　　□ 紅茶 **홍차**
- □ ゆず茶 **유자차**　□ 緑茶 **녹차**　　□ かりん茶 **모과차**
- □ ジュース **주스**　□ サイダー **사이다**　□ コーラ **콜라**　　□ ビール **맥주**
- □ 焼酎 **소주**　　□ 酒 **술**　　　□ マッコルリ **막걸리**

副詞 부사

- □ しばしば **자주**　□ ときどき **가끔**　□ いつも **항상**　□ このごろ **요즘**
- □ とても **아주**　　□ とても **너무**　　□ よく、うまく **잘**
- □ たくさん、大いに **많이**　□ 初めて **처음**　□ 一生懸命 **열심히** [열씨미]
- □ あまり、特に（否定形を伴う）**별로**　□ すべて **다**　□ 早く **빨리**

練習2

練習1の動詞と 5-B の単語を組み合わせて文を作ってみましょう。

저는 도서관에서 책을 자주 읽어요.　私は図書館で本をしばしば読みます。

가끔 백화점에서 화장품을 사요.　ときどきデパートで化粧品を買います。

5-C　応用練習

声を出して読んでみましょう。また、これまでの学習内容や巻末の索引を参考に、意味を確かめて
みましょう。

♪
27

① 가린 씨는 학교 식당에서 점심을 먹어요.

② 마이코 씨도 와서 같이 빵을 먹어요.

③ 오늘 3교시는 영어 수업이 있어요.

④ 가린 씨는 호주에서 2년 살아서 영어를 잘 알아요.

⑤ 4교시에는 한국어 수업이 있어요.

⑥ 한국어 수업이 재미있어서 가린 씨는 열심히 공부해요.

⑦ 가린 씨는 한국 드라마를 한국어로 봐요.

⑧ 마이코 씨는 4교시가 사회학이에요.

⑨ 마이코 씨는 고양이 만화를 좋아해요.

⑩ 마이코 씨는 사진을 보고 미케를 그려요.

⑪ 가린 씨는 중학생을 가르치러 학원에 가요.

⑫ 마이코 씨는 미술관에서 아르바이트를 해요.

5

3つの語基

어제는 왜 학교에 안 왔어요?

過去形

♪28

가린 : 어제는 왜 학교에 안 왔어요?

지은 : 나비하고 공원에 놀러 갔어요.

가린 : 일본에 와서 스트레스를 받았어요?

지은 : 괜찮아요. 지난주에는 근처에서 쥐를

　　　잡고 운동도 잘 했어요.

単語

어제	昨日
나비	ナビ（「蝶」の意だが、ここではネコの名前）
스트레스	ストレス
근처	近所
잡다	つかまえる、つかむ

왜	なぜ
공원	公園
지난주	先週
쥐	ネズミ
운동（하다）	運動（する）

発音

괜찮아요 [괜차나요]

> かりん：昨日はどうして学校に来なかったのですか？
> チウン：ナビと公園に遊びに行きました。
> かりん：日本に来てストレスがありましたか？
> チウン：大丈夫です。先週は近所でネズミを
> 　　　　捕まえて運動もよくしました。

6-A　過去形

(1)　過去形の作り方　Ⅲ＋ㅆ다

　用言を過去形にするためには、まず用言を過去の基本形「～た、～だった」にする必要があります。作り方は次のように整理できます。

> 語幹末陽母音（ㅏ, ㅗ）用言 … 第Ⅲ語基（語幹＋아）＋ㅆ다 ⇒ 았다
> 語幹末陰母音（上以外）用言 … 第Ⅲ語基（語幹＋어）＋ㅆ다 ⇒ 었다
> 하다用言　　　　　　　　　… 해 ＋ㅆ다　　　　　　　⇒ 했다
>
> **語幹末の母音が ㅏ ㅗ の場合（陽母音）**
>
> 받다 ⇒ 받았다　　　살다 ⇒ 살았다　　　놀다 ⇒ 놀았다
> 가다 ⇒ (가았다 ⇒) 갔다　　만나다 ⇒ (만나았다 ⇒) 만났다
> 보다 ⇒ (보았다 ⇒) 봤다　　오다 ⇒ (오았다 ⇒) 왔다
>
> **語幹末の母音が ㅏ ㅗ 以外の場合（陰母音）**
>
> 먹다 ⇒ 먹었다　　　있다 ⇒ 있었다　　　없다 ⇒ 없었다
> 서다 ⇒ (서었다 ⇒) 섰다　　기다리다 ⇒ (기다리었다 ⇒) 기다렸다
> 배우다 ⇒ (배우었다 ⇒) 배웠다　　되다 ⇒ (되었다 ⇒) 됐다
> 보내다 ⇒ (보내었다 ⇒) 보냈다　　쉬다 ⇒ 쉬었다
> 켜다 ⇒ (켜었다 ⇒) 켰다
>
> **하다 の場合**　했다
>
> 공부하다 ⇒ 공부했다　　　좋아하다 ⇒ 좋아했다

　第Ⅲ語基なので母音語幹の場合は母音の複合が起こることがあります。また、いずれも「요」(4-A で練習) の代わりに「ㅆ다」がついているだけです。

(2)　過去基本形とさまざまな語尾

　過去の物事を表現するときは、(1)で作成した過去基本形を活用させます。例えば、過去のことを丁寧な語尾で伝えたい（～でした、～ました）時は以下のような約束になっています。

> **요**語尾を使う時は、過去基本形の**다**を取って**어요**を付けます。
> **습니다**語尾を使う時は、過去基本形の**다**を取って**습니다**を付けます。

　語幹末の母音に関係なく、上の規則を覚えていればすみます。

오다 → 왔다　 → 왔어요 / 왔습니다　　　来ました
있다 → 있었다 → 있었어요 / 있었습니다　　いました、ありました

過去基本形は、第 I 語基につながる「고」や「지만」、第 II 語基につながる「니까」や「ㄹ까요?」にも接続することができます。

어제 한국 요리를 먹었지만 오늘도 먹고 싶어요.
昨日韓国料理を食べたけど、今日も食べたいです。

많이 스트레스를 받았을까요?
たくさんストレスがあったのでしょうか？

練習 1

過去基本形を作成し、「요」で表現してみましょう。

動詞・存在詞の過去形

살다	生きる 暮らす	살았다	살았어요
받다	もらう		
알다	知っている わかる		
놀다	遊ぶ		
가다	行く		
사다	買う		
타다	乗る		
만나다	会う		
오다	来る		
보다	見る		
먹다	食べる		
맛있다	おいしい		
입다	着る		
읽다	読む		
만들다	作る		

서다	立つ （駅などで）とまる		
되다	なる、いい		
보내다	送る		
기다리다	待つ		
마시다	飲む		
가르치다	教える		
배우다	学ぶ		
주다	あげる、くれる		
쉬다	休む		
좋아하다	好きだ、好む		
공부하다	勉強する		
있다	いる、ある		
없다	いない、ない		

形容詞の過去形

좋다	いい	좋았다	좋았어요
많다	多い		
적다	少ない		
멀다	遠い		

「AはBでした」と言いたい場合は「A는 / 은　B였어요 / 이었어요.」となります。また、否定形「～ではありませんでした」は「가 / 이 아니었어요.」と言います。

여기는 대학교였어요.　　ここは大学でした。

선생님도 학생이었어요.　先生も学生でした。

미케는 개가 아니었어요.　ミケはイヌではありませんでした。

6-B 単語をふやそう④ **時と関わる単語**

過去形を学びましたので、時制に関する単語を覚えて表現の幅を広げましょう。曜日は次のように言います。

日曜日	月曜日	火曜日	水曜日	木曜日	金曜日	土曜日
일요일	월요일	화요일	수요일	목요일	금요일	토요일

日本語と同様「曜日 요일」の前に日～土にあたる韓国語の文字を入れれば OK です。次に日時に関連する単語です。

毎日	毎週	毎月	毎年	日
매일	매주	매달 / 매월	매년	날
一昨日	昨日	今日	明日	明後日
그저께	어제 / 어저께	오늘	내일	모레

先週	今週	来週
지난주	이번 주	다음 주 [다음 쭈]
去年	今年	来年
작년 [장년]	올해 [오래]	내년
先月	今月	来月
지난달	이달 / 이번 달	내달 / 다음 달 [다음 딸]
週末	月末	年末
주말	월말	연말
1週間	1カ月	1年
일주일 [일쭈일]	한 달 / 일 개월	일 년 [일련]

何月何日という時の「日」は일ですが、「その日」とか「いい日」という場合の「日」は날を使います。일주일は分かち書き不要です。

5-B と 6-B の単語を使って、次のような文を作ってみましょう。

지난주 월요일에 콜라를 샀어요.　　　先週の月曜日にコーラを買いました。

제 친구가 작년 가수가 됐어요.　　　私の友だちが去年歌手になりました。

오늘 저녁에 커피를 마시고 싶어요.　　今日の夕方、コーヒーを飲みたいです。

声を出して読んでみましょう。また、索引などを使って意味を確かめてみましょう。

① 지난주 나비는 지은 씨하고 같이 식당에 갔어요.

② 그 식당에는 사람이 많이 있었어요.

③ 그 날 가린 씨도 미케하고 같이 식당에 왔어요.

④ 나비는 미케를 처음 만났어요.

⑤ 나비하고 미케는 친구가 됐어요.

⑥ 나비는 미케하고 같이 놀았어요.

⑦ 가린 씨가 생선을 줬어요.

⑧ 그 생선은 아주 맛있었어요.

⑨ 지은 씨는 가린 씨하고 커피를 마시면서 쉬었어요.

⑩ 나비가 웃어서 지은 씨도 웃었어요.

第 7 課 김밥이 맛있겠어요.

🐱 未来形と固有数詞

♪ 30

지은 : 김밥이 맛있겠어요.

　　　겐타 씨가 만들었어요?

겐타 : 네, 소풍을 가서 친구들과 먹으려고요.

지은 : 그런데 양이 모자라지 않아요?

　　　뭔가 조금 사 올까요?

겐타 : 아니요, 실은 내가 사과를 열 개 준비했어요.

単語

김밥	海苔巻き	만들다	作る
소풍	遠足、ハイキング	들	たち
Ⅱ + 려고	～しようと（「思う、する」などにつながる）	그런데	ところで、でも
양	量	모자라다	足りない
뭔가	何か（副詞的に使う）	조금	ちょっと
사 오다	買ってくる	내가	私が、ぼくが
실은	実は	개	個
준비 (하다)	準備（する）		

チウン：海苔巻きがおいしそうですね。
　　　　けんたさんが作ったのですか？
けんた：はい、ハイキングに行って友だちと食べようと思って。
チウン：でも量が足りなくないですか？
　　　　何かちょっと買ってきましょうか？
けんた：いいえ、実はぼくがリンゴを10個準備しました。

7-A　未来形の表現 - 겠 -

　韓国語には、未来、意志、推測などを表わす – 겠 – という表現があります。総称して未来形ともいいますが、以下に説明するように必ずしも時制としての未来の表現ではありません。未来終止形（一番基本的な形）は第Ⅰ語基＋겠다、ていねいにすれば第Ⅰ語基＋겠어요 / 겠습니다です。その使い方を示してみましょう。

⑴　1人称の意志

　主として1人称や、相手の意志を表わす時に使います。「～したい」「～したいですか」というニュアンスです。

　서울에서 떡볶이를 많이 먹겠어요.　ソウルでトッポッキをたくさん食べるつもりです。

⑵　確実な未来、推量

　近い未来の確実なことについて表します。

　내일은 시험이 있겠습니다.　　明日はテストがあります。

　この例文の場合などは、있겠습니다を現在形の있습니다で書いても全く問題ありません。未来形が厳密な意味での時制を表わしていないからです。

⑶　主観的推測（～のように見える、～しそうだ）

　이 김치는 맛있겠어요.　　　このキムチはおいしそうです。
　숙제가 많아서 죽겠어요.　　宿題が多くて死にそうです。

　これは「～のように見える」「～しそうだ」といういい方です。まだ実行していない行動についての主観的推測といえます。

⑷　丁寧な表現

　時制とは関係がありません。

　잘 알겠습니다.　　　承知いたしました。
　처음 뵙겠습니다.　　初めまして。← 初めてお目にかかります。

　たとえば알겠습니다を알았습니다と過去形でいうこともできます。しかし前者のほうが丁寧です。「承知いたしました」と「わかりました」くらいのちがいです。また「初めまして」の뵙다は「お目にかかる」という意味の謙譲語です。決まり文句的な表現で使われます。

第 3 課において漢数詞について学びました。この課では固有語の数詞（固有数詞）を学びます。固有数詞は日本語であれば「ひとつ、ふたつ…」といった呼び方です。時間や時、人数など日常的に使われますので、単位（助数詞）とともにおぼえましょう。まず 1 から 10 まであげてみます。

1	2	3	4	5	6	7	8	9	10
하나	둘	셋	넷	다섯	여섯	일곱	여덟	아홉	열

11 から 19 は 10 の後に 1 から 9 をつけます。20 は新たな単語を使います。

11	12	13	14	15
열하나	열둘	열셋	열넷	열다섯
[여라나]	[열뚤]	[열쎌]	[열렏]	[열따섣]

16	17	18	19	20
열여섯	열일곱	열여덟	열아홉	스물
[열려섣]	[열릴곱]	[열려덜]	[여라홉]	

以下の場合は発音が変化しますから注意しましょう。

11 は ㅎ の子音が消えます。14 は流音化します。16、17、18 は子音がない部分に ㄴ が挿入され、それがさらに流音化します。12、13、15 は ㄹ パッチムの次の子音が濃音化されます。ただしこれはそれほど意識しなくても忠実に発音していれば大丈夫です。

20 や 30 などは下表のように新たな単語で表現します。漢数詞のように「3（셋）」に「10（열）」をつけて 30 にするという使い方はありませんから注意してください。100 以上の大きな数は漢数詞でいうしかありません。また、固有数詞は助数詞との間を必ず分かち書きしてください。

固有数詞は時間をいう時に使いますので、12 までをまず覚えましょう。それ以上はだんだん覚えればいいです。

20	30	40	50	60	70	80	90
스물	서른	마흔	쉰	예순	일흔	여든	아흔

固有数詞は、後に単位 (助数詞) をとる時、少し形が変わることがあります。変わるのは、하나、둘、셋、넷、스물の場合です。

たとえば、「時間」にあたる시간で示してみましょう。

하나	**한** 시간	**열한** 시간	하나가 한になる
둘	**두** 시간	**열두** 시간	ㄹパッチムが落ちる
셋	**세** 시간	**열세** 시간	ㅅパッチムが落ちる
넷	**네** 시간	**열네** 시간	ㅅパッチムが落ちる
스물	**스무** 시간		ㄹパッチムが落ちる

上の 11 や 12 のように、10 の位があっても 1 の位が 1 〜 4 であれば形が変化します。

よく使う助数詞は以下の通りです。数詞と分かち書きをします。午前は오전、午後は오후です。

時	～시	回、度	～번
時間	～시간	枚	～장
個	～개	匹	～마리
歳	～살	冊	～권
人	～명 / 사람	杯	～잔
瓶 (本)	～병	月	～달

なお、漢数詞につく助数詞もあります。同じ意味のことを固有数詞でいえる場合もありますが単位は異なります。また、「人」や「時間」などは大きな数になってくると사십명 (40 人) や육십시간 (60 時間) のように漢数詞でも使います。なお、年齢は나이といいます。

月 ～개월 / 달　　2ヵ月 **이 개월 / 두 달** (ふたつき)

歳 ～세 / 살　　19歳 **십구 세 / 열아홉 살**

나비 나이는 세 살이에요.　ナビの年は 3 歳です。

7-D 単語をふやそう⑤ 季節・天気・自然・動物・人の呼称など

季節 계절

- □ 春 **봄**
- □ 夏 **여름**
- □ 秋 **가을**
- □ 冬 **겨울**
- □ 秋夕（旧暦の盆） **추석**
- □ 正月（旧暦の正月、中国では春節） **설**

天気・自然 날씨・자연

- □ 雨 **비**
- □ 雪 **눈**
- □ 雨が降る **비가 오다**
- □ 雪が降る **눈이 오다**
- □ 台風 **태풍**
- □ 太陽 **태양 / 해**
- □ 天気予報 **일기예보**

動物 동물

- □ ウサギ **토끼**
- □ ネズミ **쥐**
- □ トラ **호랑이**
- □ イノシシ **멧돼지**
- □ サル **원숭이**
- □ リス **다람쥐**
- □ パンダ **판다**
- □ オオカミ **늑대**
- □ ゾウ **코끼리**
- □ キリン **기린**
- □ カメ **거북이**
- □ トリ **새**
- □ ペンギン **펭귄**
- □ イルカ **돌고래**
- □ ウマ **말**
- □ ライオン **사자**
- □ クマ **곰**
- □ クジラ **고래**

人の呼称など（第1課で出ていないもの）

- □ 私 **나 / 저**
- □ 私の **내 / 제**
- □ 私が **내가 / 제가**
- □ 私たち **우리**
- □ 私ども **저희**
- □ 娘 **딸**
- □ 息子 **아들**
- □ 孫 **손자**
- □ 孫娘 **손녀**
- □ 彼 **그**
- □ 彼女 **그녀**
- □ おじさん **아저씨**
- □ おばさん **아주머니 / 아줌마**
- □ 他人 **남**
- □ 妻 **부인 / 아내**
- □ 夫 **남편**
- □ 子ども **어린이**
- □ おとな **어른**
- □ 男・男性 **남자 / 남성**
- □ 女・女性 **여자 / 여성**
- □ 少年 **소년**
- □ 少女 **소녀**
- □ 結婚 **결혼**
- □ 離婚 **이혼**

練習

これまで学習した単語を使って、ものや動物がいくつあるか（いるか）表現してみましょう。

교실에는 학생 스무 명이 있어요.　　教室には学生が20名います。

공원에는 고양이 세 마리, 개 한 마리가 있어요.

公園にはネコが3匹とイヌが1匹います。

7-E 応用練習

声を出して読んでみましょう。また、これまでの学習内容や巻末の索引を参考に、意味を確かめて ♪
みましょう。

31

① 겐타 씨는 친구 일곱 명과 같이 소풍을 갔어요.

② 겐타 씨는 요리를 아주 잘해요.

③ 김밥을 일곱 개 만들었어요.

④ 돼지고기나 샐러드도 많이 있었어요.

⑤ 그런데 마이코 씨는 반찬을 너무 많이 먹어 버렸어요.

⑥ 친구들은 마이코 씨에게 김밥을 주지 않으려고 했어요.

⑦ 겐타 씨 가방에는 사과가 열 개 있었어요.

⑧ 겐타 씨는 사과를 친구들한테 다 줬어요.

⑨ 마이코 씨는 김밥을 안 받고 사과를 조금 먹었어요.

⑩ 같이 먹으니까 너무 맛있었어요.

7

未来形と固有数詞

第8課

아르바이트가 있어서 못 가요.

🐱 可能と不可能

♪ 32

가린 : 내일 다섯 시에 카페에 올 수 있어요?

지은 : 내일은 아르바이트가 있어서 못 가요.

가린 : 그럼 모레는 시간이 있어요?

지은 : 모레는 용한 오빠랑 약속이 있어요.

　　　우리 같이 만나요.

単語

내일	明日	카페	カフェ
ㅍ + ㄹ 수 있다 / 없다	～できる / できない	아르바이트	アルバイト
못	～できない	모레	あさって
약속 (하다)	約束（する）		

> かりん：明日の5時にカフェに来ることができますか？
> チウン：明日はアルバイトがあって行けません。
> かりん：じゃあ、明後日は時間がありますか？
> チウン：明後日はヨンハンオッパと約束があります。
> 　　　　私たち、一緒に会いましょう。

8-A **〜することができる／できない**

(1) 〜することができる／できない

第Ⅱ語基のあとに「ㄹ 수 있다 / 없다」とすると「〜できる／できない」という意味になります。「수」は「すべ、方法」という意味です。なお、ㄹ語幹の用言の場合、「語幹ーㄹ＋ㄹ 수 있다 / 없다」となりますので注意しましょう。

어제는 한국 드라마를 볼 수 없었어요.　昨日は韓国ドラマを見られませんでした。

저는 중국어를 읽을 수 있어요.　私は中国語を読むことができます。

우리는 나비 생일을 알 수 없어요.　私たちはナビの誕生日を知ることができません。

수は、それだけでは言葉として成り立たない不完全名詞にあたります。この文法は手前に未来連体形を伴うことで成立していますが、連体形については秋学期にきちんと学んでいきますので、ここでは詳しくは説明しません。

수が名詞なので、そのあとに「가」や「는」といった助詞を付けることができます。日本語にすれば「することが」「することは」になります。

우리는 한국어를 잘할 수가 없어요.　私たちは韓国語をうまくできません。

하지만 열심히 노력할 수는 있어요.　でも一生懸命努力することはできます。

(2) 不可能の못

「〜できない」という不可能の表現も学びましょう。これには用言の手前に「못」を入れて文全体を「〜できない」とする方法と、「第Ⅰ語基＋지 못하다」とする方法の2通りがあります。「못하다」の発音は [모타다] となります。요語尾にすると못해요 [몯태요] です。この2つの言い方は基本的には同じ意味ですが、못を前に出すほうが簡単で口語的です。

 不可能　❶ 못 用言　❷ 第Ⅰ語基＋지 못하다

미케는 고양이라서 한국어를 못 해요.　ミケはネコだから韓国語ができません。

미케는 고양이라서 한국어를 하지 못해요.　ミケはネコだから韓国語ができません。

「못」を用言の前に出す時、注意すべき点があります。「공부하다」のような「名詞＋하다」で構成されている動詞は、名詞と하다の間に「못」が入り込んできます。「좋아하다」のように用言の活用した形と하다で構成される場合は、割り込むことはありません。3-Aで否定の안について説明したのと同様です。

어제는 한 시간도 공부를 못 했어요.　昨日は1時間も勉強できませんでした。

8-B　発音上の注意

⑴　못と発音の変化

못を用言の前に出す時、発音上の変化が起こりやすいので注意してください。ㅅのパッチムは発音上は [ㄷ] で、これは次の動詞の最初の子音と次のような結びつき方をします。

못 해요	[모태요]	[ㄷ] とㅎが結びついて激音化します。
못 만나요	[몬만나요]	[ㄷ] が鼻音化でㄴになります。
못 와요	[모돠요]	ㅅが [ㄷ] で読まれて連音します。
못 읽어요	[몬닐거요]	ㄴの挿入がおこり、さらにパッチム [ㄷ] がㄴに。
못 가요	[몯까요]	가が濃音化して까となります。

⑵　数詞と発音の変化

漢数詞では、「円」や「ウォン」を使う時の連音や、「年」が続く時の鼻音化・流音化について 3-D で指摘しました。固有数詞では、パッチムがある 5、6、7、9 の場合、次のような鼻音化が起こります。

| 마리 | 다섯 마리 [다선마리] | 일곱 마리 [일곰마리] |
| 명 | 여섯 명 [여선명] | 아홉 명 [아홈명] |

これに加えて、数が大きくなってきた場合の発音上の注意を述べておきましょう。まず「万」が使われる場合、手前で鼻音化を起こし、次の単位と連音することに慣れてください。

| 만 | 육만 엔 [융마넨] | 이십만 엔 [이심마넨] |
| | 백만 엔 [뱅마넨] | |

また、固有数詞と同じですが「人」にあたる명は、漢数詞の「十」や「百」につくと手前で鼻音化を起こします。「年」にあたる년も同様です。

| 명 | 오십 명 [오심명] | 사백 명 [사뱅명] |
| 년 | 사십 년 [사심년] | 팔백 년 [팔뱅명] |

繰り返し音読し発音の規則に慣れてください。

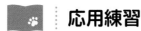 応用練習

声を出して読んでみましょう。また、これまでの学習内容や巻末の索引を参考に、意味を確かめて ♪
みましょう。 33

① 지은 씨는 일본어를 잘하고 책도 읽을 수 있어요.

② 지은 씨는 수요일하고 금요일에 한국식당에서 아르바이트를 해요.

③ 식당은 항상 손님들이 많아요.

④ 지은 씨는 아르바이트가 있으면 식당에서 저녁을 먹을 수 있어요.

⑤ 아르바이트가 없으면 지은 씨는 집에서 일본 애니메이션을 볼 수 있어요.

⑥ 그리고 매일 열심히 일본어하고 일본 역사를 공부해요.

⑦ 나비는 식당에서 미케를 만났어요.

⑧ 미케는 한국어를 아니까 나비한테 일본어를 가르쳐 줬어요.

⑨ 나비는 지은 씨하고 같이 드라마를 보면서 일본어를 조금 배웠어요.

⑩ 지은 씨는 시간이 모자라서 나비하고 별로 놀 수 없어요.

キーボードとハングルの位置

日本のコンピューターのキーボードでハングルを入力する時、あるいは電子辞書でキーボードにハングルの表示がないものにメモリーカードを入れて朝鮮語の辞書として活用する時に利用してください。

第2部

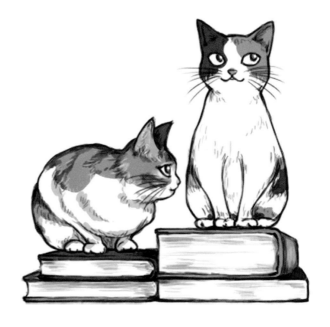

마이코 씨는 본 적이 없어요?

第 9 課

🐱 用言の連体形

지은　　: <내가 사랑하는 냥이> 라는 책을 알아요?

마이코 : 아니요. 제가 읽은 책은 만화밖에 없어요.

지은　　: 가린 씨가 몰래 쓴 재미있는 책이에요.

　　　　　마이코 씨는 본 적이 없어요?

마이코 : 네, 없어요. 안 비싼 책이라면 사서

　　　　　사인을 받고 싶어요.

単語

사랑 (하다)	愛 (する)	냥이	ニャンコ
(이) 라는	という (名詞について)	밖에	ほかに、しか
몰래	こっそり	쓰다	書く (変則活用だが連体形は同じ)
적이 있다 / 없다	～したことがある / ない (過去連体形について)	(이) 라면	なら (名詞について)
		사인	サイン

チウン：『私の愛するニャンコ』という本を知っていますか？
まいこ：いいえ。私が読んだ本はマンガしかありません。
チウン：かりんさんがこっそり書いた面白い本です。
　　　　まいこさんは見たことがありませんか？
まいこ：はい、ありません。高くない本だったら買って
　　　　サインをもらいたいです。

動詞の連体形

この課では用言の連体形を学びます。まず動詞の連体形から学んでいきましょう。規則活用の動詞の連体形は時制によって次のようになります。変則活用については後で出てきたときに、連体形についても合わせて学びます。

現在	母音語幹	第Ⅰ語基＋는	가다 → 가는
	子音語幹	第Ⅰ語基＋는	먹다 → 먹는
	ㄹ語幹	第Ⅰ語基－ㄹ＋는	놀다 → 노는

ただし子音語幹の場合は語幹末のパッチムと次の子音ㄴがつながることで、鼻音化が起こりやすくなるので注意してください。

먹다 → 먹는 [멍는]　　읽다 → 읽는 [잉는]
받다 → 받는 [반는]　　있다 → 있는 [인는]

未来	母音語幹	第Ⅱ語基＋ㄹ	가다 → 갈
	子音語幹	第Ⅱ語基＋ㄹ	먹다 → 먹을
	ㄹ語幹	第Ⅱ語基－ㄹ＋ㄹ	놀다 → 놀

なお、未来連体形のㄹの後にㄱ，ㄷ，ㅂ，ㅈの子音が来ると、にごらずに濃音化します。注意してください。

먹을 것 [머글껃] 食べるもの　　갈 길 [갈낄] 行く（べき）道

過去	母音語幹	第Ⅱ語基＋ㄴ	가다 → 간
	子音語幹	第Ⅱ語基＋ㄴ	먹다 → 먹은
	ㄹ語幹	第Ⅱ語基－ㄹ＋ㄴ	놀다 → 논

ただし、過去には回想や大過去を表す던を使うこともよくあります。この던は

❶ 語幹＋던　　　❷ 第Ⅲ語基＋ㅆ던

のどちらでも使うことができます。②のほうが過去であることがはっきりしているといえるでしょう。

우리가 사랑했던 친구는 어디 갔어요?　私たちが愛した友はどこに行きましたか？

また、用言の過去連体形に 적이 있다 / 없다 が続くと「〜したことがある／ない」という意味になります。적のかわりに일を使うこともあります。

그 사람을 서울에서 만난 적이 있어요.　その人にソウルで会ったことがあります。

베이징에서 중국어를 배운 일이 있어요?　北京で中国語を学んだことがありますか？

動詞の連体形を作り、発音してみましょう。

動詞の連体形

		現在	過去	未来
살다	生きる 暮らす			
놀다	遊ぶ			
알다	知っている わかる			
받다	もらう			
잡다	捕まえる つかむ			
닫다	閉じる			
사다	買う			
만나다	会う			
타다	乗る			
오다	来る			
보다	見る			
다니다	通う			
그리다	描く、書く			
먹다	食べる			
입다	着る			
웃다	笑う			

열다	開く			
기다리다	待つ			
마시다	飲む			
가르치다	教える			
주다	与える、くれる			
배우다	学ぶ			
되다	なる			
서다	立つ （駅などで）とまる			
쉬다	休む			
보내다	送る			
내다	出す			
켜다	（あかりなどを） つける			
띄다	（目に）つく			
좋아하다	好きだ、好む			
공부하다	勉強する			

2-B で述べたように있다と없다は存在詞といい、独特な存在です。その連体形について
は 9-C を参照してください。

9-B　形容詞の連体形

　形容詞の現在連体形は、動詞の過去連体形と同じ規則に従います。そのため、動詞と形容詞のどちらとして使っているか、注意してください。未来連体形は文法的な形としては存在しますが、意志や未来の意味を持ったものとしてはほとんど使われません。

現在	母音語幹	第Ⅱ語基＋ㄴ	비싸다 → 비싼
	子音語幹	第Ⅱ基＋ㄴ	작다 → 작은
	ㄹ語幹	第Ⅱ語基－ㄹ＋ㄴ	멀다 → 먼

未来	母音語幹	第Ⅱ語基＋ㄹ	비싸다 → 비쌀
	子音語幹	第Ⅱ語基＋ㄹ	작다 → 작을
	ㄹ語幹	第Ⅱ語基－ㄹ＋ㄹ	멀다 → 멀

過去	語幹のパターンに関係なく
	❶ 第Ⅰ語基＋던　または　❷ 第Ⅲ語基＋ㅆ던
	となります。

連体形と것

　連体形の後には「こと／もの／の」にあたる것や「こと／仕事」にあたる일がよく登場します。것は短縮された形である거、助詞を伴った것이 → 게、것은 → 건、것을 → 걸などもよく使われます。

　「連体形 것이다」で「～なのである」となり、連体形が過去であれば、意味も過去になります。丁寧な語尾であれば「것입니다」「것이에요」となり、より簡略化された形では「겁니다」「거예요」となります。

　뭐 먹을 거 없어요?　何か食べるものないですか？

　그래서 여기에 온 것이다.　それでここに来たのである。

練習2

　形容詞の連体形を作ってみましょう。二重パッチム（パッチムにふたつの文字がある）の形容詞が多いので、発音にも注意しましょう。以下の形容詞はすべてハングル検定4級に含まれています。

形容詞の連体形

		現在	過去	未来
좋다 [조타]	よい			
작다 [작따]	小さい			
적다 [적따]	少ない			
멀다	遠い			
많다 [만타]	多い			
괜찮다	いい 結構だ			
싸다	安い			
비싸다	(値段が) 高い			
길다	長い			
짧다 [짤따]	短い			
넓다 [널따]	広い			
좁다 [좁따]	狭い			
높다 [놉따]	高い			

連体形を使いこなすために知っておくべきことを補足しておきます。

(1)　있다 / 없다と이다 / 아니다の連体形

「ある」「ない」の있다 / 없다については、過去連体形の場合、있은 / 없은は通常は使わず、있던 / 없던で表わします。現在連体形は動詞と同じです。있는 [인는]、없는 [엄는] となる発音に注意してください。

さらに「이다 (〜である)」の現在連体形は인、過去連体形は이던、「아니다 (〜でない)」の連体形は現在아닌と過去아니던を使います。形容詞の連体形と時制的に同じです。「〜的な」という時に、的적に現在連体形の인をつなげて「○○적인」といいます。

적극적인　積極的な

(2)　否定の連体形

否定形　第Ⅰ語基＋지 않다 の場合も動詞と形容詞によって連体形はちがってきますので、注意してください。現在の連体形に注意です。

動詞	現在	第Ⅰ語基＋지 않는
	未来	第Ⅰ語基＋지 않을
	過去	第Ⅰ語基＋지 않은
形容詞	現在	第Ⅰ語基＋지 않은
	未来	第Ⅰ語基＋지 않을
	過去	第Ⅰ語基＋지 않던 (않았던)

また、第Ⅰ語基＋지のあとに도のような接尾辞を挿入することができます。안をつけて否定にする場合は、特に神経を使わなくていいでしょう。

싸지도 않은 선물을 살 필요는 없어요.　安くもないプレゼントを買う必要はありません。

안 비싼 옷을 사고 싶어요.　高くない服を買いたいです。

練習3

過去連体形 적이 있다 / 없다を使って、友人の経験について聞いてみましょう。

A : 한국 만화를 읽은 적이 있어요?　韓国のマンガを読んだことがありますか？

B : 아뇨, 읽은 적이 없어요.　いいえ、読んだことがありません。

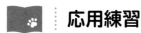 ：**応用練習**

声を出して読んでみましょう。また、意味を確かめてみましょう。右側に示してある単語は辞書を引 ♪
いてみましょう。   35

① 가린 씨 집에 있는 고양이는 미케라고 해요.

② 가린 씨는 미케의 일상 생활을 보고 관심을 가졌어요.

③ 미케는 가린 씨 앞에서는 항상 순진한 척해요.   순진하다 / 척하다

④ 그런데 미케는 근처에 있는 공원에 자주 놀러 가요.

⑤ 미케는 친구를 괴롭히는 고양이가 있으면 싸워요.   괴롭히다 / 싸우다

⑥ 미케는 진 적이 한 번도 없었어요.   지다

⑦ 미케는 이기면 친구 고양이하고 같이 춤을 췄어요.   이기다 / 춤을 추다

⑧ 가린 씨는 충격적인 미케 모습을 다 봤어요.   충격적

⑨ 가린 씨는 신기해서 에피소드를 페이스북에 올렸어요. 신기하다 / 에피소드
                                                               페이수북 / 올리다

⑩ 글을 읽은 지은 씨는 재미있어서 가린 씨 글을 칭찬했어요. 글 / 칭찬하다

⑪ 친구들이 미케 이야기를 책으로 내도록 권유했어요.   내다 / 권유하다

⑫ 가린 씨가 생각한 제목은 <내가 사랑하는 냥이>예요.   생각하다 / 제목

개가 왠지 핸드폰을 돌려줬어요.

第Ⅲ語基の応用

♪
36

가린 　 : 어제 학교에서 핸드폰을 잃어버렸어요.

마이코 : 찾아봤어요? 핸드폰이 없으면 난 못

　　　　살아요.

가린 　 : 아까 학교 앞에 있는 개가 왠지

　　　　핸드폰을 돌려줬어요.

마이코 : 그 개, 대단하네요! 가린 씨는 그 개를

　　　　알고 있었어요?

単語

핸드폰	携帯電話	잃다	なくす
Ⅲ 버리다	～してしまう	찾다	探す
난（나는の縮約形）	私は	아까	さっき
앞	前	왠지	なぜか、どういうわけか
돌려주다	返してくれる、返してあげる	대단하다	大したものだ、すごい
Ⅰ または過去・未来終止形語幹＋네요	ですねえ（感嘆）		

発音

잃어버리다 [이러버리다] 　　　　대단하다 [대다나다]

かりん：昨日学校で携帯電話をなくしてしまいました。
まいこ：探してみましたか？携帯電話がなければ私は生
　　　　きていけません。
かりん：さっき、学校の前にいるイヌがなぜか
　　　　携帯電話を返してくれたんです。
まいこ：そのイヌ、すごい！かりんさんはそのイヌを
　　　　知っていたのですか？

10-A　第Ⅲ語基のさまざまな使い方

(1)　動詞につながる第Ⅲ語基

　5-A (3) で第Ⅲ語基に続く接続語尾として、요、서、도などを学びました。実は、第Ⅲ語基に続く接続語尾はもっとたくさんあります。ここで整理して、ぜひ使えるようになりましょう。

　まず、第Ⅲ語基は動詞に接続してさまざまな意味を表わします。よく使われるのは以下のような例です。2つの動詞が並ぶのですから、基本的には分かち書きをすべきところですが、しばしば使われるため、分かち書きをしない単語になっている場合もあります。本文中の「探してみる」や「返してくれる」はそうした一語になった事例です。

第Ⅲ語基		
	보다	～してみる
	버리다	～してしまう
	가다	～していく
	오다	～して来る
	주다	～してあげる、～してくれる
	내다	～をなしとげる、(強調) してしまう

(2)　第Ⅲ語基＋도 되다「～してもいい」

　第5課の本文にもありましたが、第Ⅲ語基＋도 되다は「～してもいい」「～でも大丈夫だ」という意味になります。되다は「～になる」のほかに、「大丈夫だ」という意味もあります。すでに第5課の本文で一度出てきました。是非使えるようになってください。

　저녁에 돌아오니까 걱정 안 해도 돼요.　夕方に帰ってくるから心配しなくてもいいです。

　김밥은 많이 있으니까 먹어도 돼요.　海苔巻きはたくさんあるから食べてもいいです。

10-B 第Ⅲ語基 있다 と第Ⅰ語基+고 있다

(1) 第Ⅲ語基 있다

　本文にはないのですが、この課では있다と第Ⅲ語基に関わる表現を学んでおきましょう。第Ⅲ語基の後に分かち書きをして있다とすると、ある動作をしてその状態が続いていることを示します。この表現を使う動詞は限られているので、以下に挙げてみます。

가다 → 가 있다	行っている（行って今そこにいる）
오다 → 와 있다	来ている（来て今ここにいる）
앉다 → 앉아 있다	座っている（座った状態）
서다 → 서 있다	立っている（立った状態）
들다 → 들어 있다	入っている（入って中にある状態）
남다 → 남아 있다	残っている（残ってまだそこにいる状態）
살다 → 살아 있다	生きている（生きた状態）
죽다 → 죽어 있다	死んでいる（死んだ状態）

용한 씨는 서울에 와 있어요.	ヨンハンさんはソウルに来ています。
미케는 신문 위에 앉아 있어요.	ミケは新聞の上に座っています。

(2) 第Ⅰ語基+고 있다

　これに対して第Ⅰ語基+고 있다はある動作が現在も継続している、いわば現在進行形を表わします。「勉強している」「待っている」などはわかりやすいでしょう。第Ⅲ語基 있다でも、第Ⅰ語基+고 있다でも、両方で使える動詞もありますが、もちろん意味は違いますので注意してください。

토끼는 공원에서 살고 있었어요.	ウサギは公園で暮らしていました。
그 개는 남극에서 살아 있었어요.	そのイヌは南極で生きていました。
가린 씨는 편의점에 가고 있어요.	かりんさんはコンビニに行くところです（行きつつあります）。
가린 씨는 도서관에 가 있어요.	かりんさんは図書館に行って（そこに）います。

10-C　第Ⅰ語基+고 싶다

(1)　「～したいです」の表現

　5-A(1) で第Ⅰ語基につく語尾についてひと通り列挙しましたが、これまで十分練習できませんでした。10-B で第Ⅰ語基+고 있다が出てきたので、ここで合わせて第Ⅰ語基+고 싶다を練習しておきましょう。「～したい」というとてもよく使う表現で、皆さんもいってみたいと思うでしょう。

　そのパターンはとてもシンプルです。요語尾でいえば싶어요となります。

　　내일 세 시에 도서관에서 만나고 싶어요.　明日3時に図書館で会いたいです。

　　월요일에는 한국 드라마를 보고 싶어요.　月曜日には韓国ドラマを見たいです。

(2)　ㄱの子音が重なる時は発音に要注意

　ところで、日本語を母語とする人の間でしばしば発音をまちがえるケースがあります。第Ⅰ語基の末尾にㄱパッチムがあり、その後に고 싶어요が続く場合です。

　　오늘은 맛있는 순두부를 먹고 싶어요.　今日はおいしいスンドゥブを食べたいです。

　皆さんは正しく発音できましたか。ㄱの子音が重なるために먹고 [먹꼬] といわなければならないのに、먹어 [머거] といってしまう人をとても多く聞きます。皆さんは意識的にㄱの子音が2つ続いて濃音化するところをきれいに発音してください。

(3)　連体形は싶은

　また、「～したい」は日本語的にみると動詞のように感じますが、これは補助形容詞です。したがって、連体形にする時は形容詞の約束に従います。

　　편의점에서 사고 싶은 것이 무엇이에요?　コンビニで買いたいものは何ですか？

　　마이코 씨가 알고 싶은 것은 미케 생일이에요.　まいこさんが知りたいのはミケの誕生日です。

　それ自体はやさしい表現ですから、ぜひ正しく発音して通じるように努力しましょう。

> 練習

　以下の状況でしたいことについて、 Ⅰ-고 싶다を使って友人と話してみましょう。

　　①週末　　②冬休み　　③時間があれば　　④お金があれば　　⑤アルバイトがなければ

10

第Ⅲ語基の応用

10-D　単語をふやそう⑥　動詞その１　하다のつく動詞・ㄹ語幹の動詞

ハングル能力検定試験（ハン検）４級の出題範囲に含まれる単語です。

하다のつく動詞

☐ 考える・思う **생각하다**	☐ 始める **시작하다**	☐ 電話する **전화하다**
☐ 決定する **결정하다**	☐ 努力する **노력하다**	☐ 発表する **발표하다**
☐ 頼む **부탁하다**	☐ いう・話す **말하다**	☐ 練習する **연습하다**
☐ 要求する **요구하다**	☐ あいさつする **인사하다**	☐ まちがう **잘못하다**
☐ 伝える **전하다**	☐ 決める **정하다**	☐ よくできる・うまい **잘하다**
☐ 話す **이야기하다**	☐ 心配する **걱정하다**	☐ お話しする **말씀하다**
☐ 愛する **사랑하다**	☐ 働く・仕事をする **일하다**	
☐ 説明する **설명하다**	☐ 通じる **통하다**	☐ 質問する **질문하다**
☐ 準備する **준비하다**	☐ 卒業する **졸업하다**	☐ 理解する **이해하다**
☐ 利用する **이용하다**	☐ 連絡する **연락하다**	☐ 顔を洗う **세수하다**

ㄹ語幹の動詞

☐ 引きずる、引く **끌다**
☐ 作る **만들다**
☐（風などが）吹く **불다**
☐ いい暮らしをする **잘살다**
☐ 解く **풀다**

 **応用練習**

声を出して読んでみましょう。また、意味を確かめてみましょう。右側に示してある単語は辞書を引 ♪
37
いてみましょう。

① 마이코 씨는 여름 방학 때 한국에 가 있었어요.　　　　　　　　　　　　때

② 한국어를 공부하고 서울에서 여기저기 다녔어요.　　　　　　　　여기저기

③ 한국인 친구하고 같이 롯데월드에도 놀러 갔어요.

④ 여름 방학 때는 겐타 선배도 서울에 와 있었어요.

⑤ 마지막 날에 겐타 씨하고 시장을 구경했어요.　　　　　　마지막 / 구경

⑥ 겐타 씨는 시장 사람들하고 한국어로 이야기를 많이 했어요.　　　이야기

⑦ 마이코 씨도 많이 공부해서 한국사람하고 이야기를 하고 싶었어요.

⑧ 가린 씨는 요즘 학교에서 핸드폰을 잃어버렸어요.

⑨ 개가 가린 씨가 잃어버린 핸드폰을 찾아냈어요.

⑩ 그 개는 성격도 머리도 아주 좋았어요.　　　　　　성격 [성껵]

⑪ 그 개는 주인이 없고 공원에서 살고 있었어요.　　　　　　주인

⑫ 마이코 씨는 그 개가 마음에 들었어요.　　　　　　마음에 들다

⑬ 마이코 씨는 개를 데리고 동물병원에 가봤어요.　　데리다 / 동물병원

⑭ 병원에서 개 건강을 확인하고 주사도 맞았어요.　건강 / 확인 / 주사를 맞다

⑮ 개는 마이코 씨 집 가족이 됐어요.

第11課 한국에서 부모님이 오실 예정이에요

🐱 尊敬の表現

♪38

마이코 : 용한 오빠는 요즘 일이 바쁘세요?

용한　: 월말에는 한국에서 부모님이 오실

　　　　예정이에요.

마이코 : 초코 집을 만들 수 있어요?　우리 아빠는

　　　　허리가 아프셔서 못 해요.

용한　: 네, 그럼 다음 달 휴일에 만듭시다.

単語

일	仕事、こと	바쁘다 (으変)	忙しい
Ⅱ + 시 / 세 / 셔	（敬語の表現、詳しくは次ページ）	월말	月末
부모님	両親	예정	予定
허리	腰	아프다 (으変)	痛い
휴일	休日	Ⅱ + ㅂ시다	～しましょう（勧誘）

まいこ　　：ヨンハン・オッパはこの頃仕事がお忙しいですか？
ヨンハン：月末には韓国から両親が来る（いらっしゃる）
　　　　　　予定です。
まいこ　　：チョコの家を作れますか？うちのお父さんは
　　　　　　腰が痛くてできないのです。
ヨンハン：はい、じゃあ来月の休日に作りましょう。

11-A　敬語の使い方

⑴　**基本は第Ⅱ語基＋시、요語尾なら세요**

　この課では敬語について学びます。韓国語では自分の身内でも、年上・目上の人に対しては敬語を使います。たとえば、家にかかってきた電話への応対で日本語では「父はおりません」というところを、韓国語では「父はいらっしゃいません」というのが普通です。

　「〜される」にあたるいちばん基本的な敬語の形は第Ⅱ語基＋시です。ただし、ㄹ語幹ならㄹを落として시をつけます。末尾に다をつければそのまま言い切りの形〜시다「〜される」になります。丁寧な語尾にするには、〜ㅂ니다なら〜십니다となります。요語尾なら機械的につなげると시어요ですが、実際はこれが短縮されて〜세요といいます。〜세요という表現は「〜してください」という丁寧な命令形としてよく使いますので、ぜひ慣れてください。

母音語幹	가다 → 가시다 / 가십니다 / 가세요
	보다 → 보시다 / 보십니다 / 보세요
子音語幹	받다 → 받으시다 / 받으십니다 / 받으세요
	읽다 → 읽으시다 / 읽으십니다 / 읽으세요
ㄹ語幹	알다 → 아시다 / 아십니다 / 아세요
	살다 → 사시다 / 사십니다 / 사세요

⑵　**過去なら第Ⅱ語基＋셨다**

　過去形は第Ⅱ語基に〜시었다が続きます。これが短縮されてⅡ＋셨다で使われるのが普通です。過去の敬語を丁寧な語尾にするには、다をとってⅡ＋셨습니다 / 셨어요とすればいいです。

母音語幹	가다 → 가셨습니다 / 가셨어요
	보다 → 보셨습니다 / 보셨어요
子音語幹	받다 → 받으셨습니다 / 받으셨어요
	읽다 → 읽으셨습니다 / 읽으셨어요
ㄹ語幹	알다 → 아셨습니다 / 아셨어요
	살다 → 사셨습니다 / 사셨어요

　形容詞でも敬語を使います。たとえば바쁘다（忙しい）は바쁘십니까？ / 바쁘세요？（お忙しいですか？）と使われますが、この場合敬語の対象は「忙しそうな」対話の相手になります。とはいえ、形容詞の敬語は動詞ほど使いませんから、出てきたものから用例を身につけてください。

よく使う尊敬語

⑴　**第Ⅱ語基＋시をとらない表現**

　敬語で注意すべきことは、一部に第Ⅱ語基＋시の形をとらず、独自の尊敬語を使う場合があることです。たとえば、「いる」は시をはさんで「いらっしゃる」の意味で使うことはなく계시다という尊敬語を使います。以下に、その事例を示してみます。

	食べる 먹다	飲む 마시다	眠る 자다	いる 있다
基本形	召し上がる 잡수시다 드시다	召し上がる 드시다	お休みになる 주무시다	いらっしゃる 계시다
～ㅂ니다	잡수십니다 드십니다	드십니다	주무십니다	계십니다
～세요	잡수세요 드세요	드세요	주무세요	계세요

　以上のように、動詞먹다、마시다、자다、있다は시をはさんで使うことはありませんから注意してください。「いる」の反対語の「いない」は、안 계시다あるいは계시지 않다を使います。

　ただし、있다は「いる」の敬語としては使いませんが「ある」の敬語としては使います。この場合、「おありになる」という意味になります。

　　오늘은 시간이 있으세요?　今日は時間がおありですか？

　また、죽다 (死ぬ) の敬語は돌아가시다 (亡くなる) を使い、主として過去形で돌아가셨다 (亡くなられた) と表現されます。

⑵　**名詞の尊敬語**

　名詞においても目上の人には、나이 (年) ではなく연세 (お年)、이름 (名前) ではなく성함 (お名前)、사람 (人) でなく분 (方)、집 (家) でなく댁 (おたく) などを使います。「様、さん」は님です。선생님の님もここから来ています。両親にも아버님, 어머님のように님を付けます。

　　연세가 / 성함이 어떻게 되세요?　　おいくつですか？／お名前はなんとおっしゃいますか？

　　댁이 어디세요?　　　　　　　　　お宅はどちらですか？

　　이 분이 아버님이세요?　　　　　　この方がお父様ですか？

11-C 敬語表現の注意

敬語表現には他にいくつか注意すべき点があります。

(1) 이다の敬語表現

「名詞＋である」の이다を敬語で使う場合は、末尾にパッチムがない場合は「名詞＋시다」、パッチムがある場合は「名詞＋이시다」（でいらっしゃる）となります。語尾をていねいにすると、「名詞＋(이)십니다/(이)세요」となります。이が省略されることもよくあります。

김태리 씨 친구세요?　　　キム・テリさんのお友だちですか？

아버지는 선생님이세요?　　お父さんは先生ですか？

「名詞＋でない」は「名詞＋가/이 아니십니다/아니세요」です。

어머니는 작가가 아니세요.　お母さんは作家ではありません。

(2) 시と連体形

시をはさんで連体形を作ることも、それぞれの時制で可能です。動詞の場合、第Ⅱ語基＋시に現在ならば는、過去ならばㄴ、未来ならばㄹをつければすみます。形容詞は第Ⅱ語基＋시に現在ならばㄴ、過去ならば던、未来ならばㄹをつけてください。

서울에 오신 날에는 날씨가 좋았어요?
ソウルに来られた日には天気がよかったですか？

여기는 할아버지가 한국어를 배우시는 학교예요.
ここはおじいさんが韓国語を学んでおられる学校です。

(3) いろいろな세요

11-Aで説明したように、〜세요という語尾は、「〜してください」という命令文の意味でよく使いますが、第三者が主語の場合には平叙文にもなります。また、末尾に「?」をつければ疑問文になります。

일곱 시에 우리 집에 오세요.　　7時にうちにお越しください。

오빠는 가끔 교토에 오세요.　　お兄さんは時々京都にいらっしゃいます。

요즘 어떻게 지내세요?　　　　このごろいかがお過ごしですか？

そして、第Ⅲ語基 주세요とすれば、第三者が主語でない限り、明白に「〜してください」という丁寧な命令文となります。

우리 미케하고 같이 있어 주세요.　うちのミケと一緒にいてください。

11-D 謙譲語と ㅂ시다 / 십시다 / 십시오

(1) 謙譲語の表現

敬語と並んで知ってほしい事項に、謙譲語があります。第Ⅲ語基 드리다で「～して差し上げる」という意味になります。皆さんが韓国に行ったら、お店などでいわれるはずです。これも第Ⅲ語基につく表現のひとつです。まだ自分では使いこなせなくても、聞いて／見てわかればいいでしょう。

김밥을 만들어 드리겠습니다.　海苔巻きを作って差し上げます。

드리다の前に名詞が付くこともあるので、覚えておいてください。
次は空港などでよく聞くフレーズです。

안내 말씀드리겠습니다.　ご案内申し上げます（案内の言葉を差し上げます）。

(2) 勧誘の ㅂ시다 / 십시다 と 자

第 11 課の本文では第Ⅱ語基＋ㅂ시다という表現が出ています。「～しましょう」という勧誘形ですが、目上、年上の人には使わないいい方です。これを第Ⅱ語基＋십시다とすれば、敬語の시が付いているので、丁寧な勧誘になります。ただ、日本語でこの 2 つの勧誘形を区別して訳すことはむずかしく、同じようになってしまうでしょう。

카페에서 커피나 한 잔 마십시다.　カフェでコーヒーでも 1 杯飲みましょう。

시간이 있으니까 십분 정도 쉬십시다.　時間があるので 10 分くらい休みましょう。

これに対してぞんざいな勧誘形には第Ⅰ語基＋자「～しよう」を使います。歌詞などで見た人もいるでしょうから、知っておいてください。

(3) 丁寧な命令形 십시오

第Ⅱ語基＋세요で「～してください」という丁寧な命令形になると述べましたが、第Ⅱ語基＋십시오はより丁寧な命令形になります。日本では敬語が簡略化される傾向にあり、십시오や세요を区別して訳すことはむずかしくなりつつありますが、年長の方に話す時には意識して십시오を使ってください。

시간이 없으시면 택시로 오십시오.　時間がなければタクシーでおいでください。

就活・留学準備の強力な味方!

あなたのグローバル英語力を測定

新時代のオンラインテスト

銀行のセミナー・研修にも使われています

CNN ®

GLENTS

留学・就活により役立つ新時代のオンラインテスト

ENGLISH EXPRESS

音声ダウンロード付き 毎月6日発売 B5判 定価1263円(税込)

これが世界標準の英語!!

CNNの生音声で学べる唯一の月刊誌

◇CNNのニュース、インタビューが聴ける

◇英語脳に切り替わる問題集付き

◇カリスマ講師・関正生の文法解説や
人気通訳者・橋本美穂などの豪華連載も

◇スマホやパソコンで音声らくらくダウンロード

定期購読をお申し込みの方には本誌1号分無料ほか、
特典多数!

「第二のトランプ」として話題のデサンティス氏に迫る

CNNが初リポート
BTS
第三章への旅立ち

9
September 2022

音声DL 問題集付き

[特集]
世界の英語で耳トレ
アイルランド・スコットランド・欧州編

医療を支える!?
スライム型ロボット

応用練習

声を出して読んでみましょう。また、意味を確かめてみましょう。右側に示してある単語は辞書を引 ♪
いてみましょう。　　　　　　　　　　　　　　　　　　　　　　　　　　　　　　　　　　　　　39

① 용한 씨 부모님은 서울에 살고 계세요.

② 부모님은 옛날에 2 번 일본에 오신 적이 있었어요.　　　　　　　　　　　옛날

③ 아사쿠사나 신주쿠에는 가보셨지만 도쿄스카이트리는 못 가셨어요.

④ 부모님은 10월말에 도쿄에 오셨어요.

⑤ 스카이트리에 가서 도쿄 야경을 보셨어요.　　　　　　　　　　　　　　야경

⑥ 아버님은 책에 관심이 많으셔서 서점에 가보셨어요.　　　　　　　　　서점

⑦ 일본어 책을 몇 권 사셨어요.

⑧ 어머님은 패션에 관심이 있어서 여기저기 다니셨어요.　　　　　　　　패션

⑨ 어머님은 백화점에 가서 옷을 보셨지만 비싸서 안 사셨어요.

⑩ 식당에서 일본 친구들과 점심을 드셨어요.

⑪ 그리고 슈퍼에서 싼 옷을 몇 가지 사셨어요.　　　　　　　　　　　　그리고

⑫ 용한 씨가 일이 있어서 안내를 못 하면 지은 씨가 안내를 했어요.　　안내

⑬ 부모님은 지은 씨에게 오므라이스를 사주셨어요.

⑭ 부모님은 다카오산을 구경하셨고 11월1일에 한국에 가셨어요.

第12課 가까운 한국식당이 있어요?

ㅂ変則用言

♪40

가린 : 우리 대학교에서 가까운 한국 식당이
　　　있어요?

지은 : 산토끼 식당이 후문 근처에 있어요.

가린 : 한국 요리가 그리워요. 매운 음식도
　　　잘해요?

지은 : 주인 아저씨 요리 솜씨가 좋아요. 요즘
　　　추우니까 뜨거운 감자탕이나 먹을까요?

単語

가깝다 (ㅂ変)	近い	산토끼	ヤマウサギ
후문	裏門	그립다 (ㅂ変)	恋しい
맵다 (ㅂ変)	辛い	주인	主人
아저씨	おじさん	솜씨	腕前、力量
춥다 (ㅂ変)	寒い	뜨겁다 (ㅂ変)	熱い

かりん：うちの大学から近い韓国食堂が
　　　　ありますか？
チウン：ヤマウサギ食堂が裏門の近くにあります。
かりん：韓国料理が恋しいです。辛い食べ物も
　　　　おいしいですか？
チウン：主人のおじさんの料理の腕前がいいんです。この頃
　　　　寒いから、熱いカムジャタンでも食べますか？

102

12-A ㅂ[비읍] 変則用言の使い方

この課ではㅂ変則用言を学びます。語幹末のパッチムがㅂの用言は変則的な活用をするものがたく
さんあります。これがㅂ変則用言です。その多くは形容詞です。ただし、語幹末のパッチムがㅂだと
すべてが変則用言になるわけではありません。まず、変則用言の活用を説明します。

> 第Ⅰ語基は語幹と同じです。
> 第Ⅱ語基はㅂを落とし、その代わり우をつけて接尾辞とつなげます。
>
> | 第Ⅱ語基　語幹－ㅂ＋우 |
>
> 第Ⅲ語基はㅂを落とし、その代わり워をつけて接尾辞とつなげます。
>
> | 第Ⅱ語基　語幹－ㅂ＋워 | （돕다、곱다 のみ例外 도와、고와）

語基ごとに例をあげて接尾辞とのつながり方を示してみましょう。

덥다 暑い	Ⅰ 덥지 않아요 / 덥고 / 덥습니다
	Ⅱ 더운 / 더우면 / 더우니까 / 더울까요? / 더울
	Ⅲ 더워요 / 더웠어요 / 더워서 / 더워도

아름답다 美しい	Ⅰ 아름답지 않아요 / 아름답고 / 아름답습니다
	Ⅱ 아름다운 / 아름다우면 / 아름다우니까
	Ⅲ 아름다워요 / 아름다웠어요 / 아름다워서 / 아름다워도

돕다 助ける	Ⅰ 돕지 않아요 / 돕고 싶습니다 / 돕는
	Ⅱ 도우면 / 도우니까 / 도울까요?
	Ⅲ 도와요 / 도왔어요 / 도와서 / 도와도

第Ⅱ語基・第Ⅲ語基の場合、パッチムㅂが消えてしまい、その代わりに우や워が入って語尾につな
がるところがㅂ変則用言のむずかしさです。活用した形から基本形を思い浮かべるには、やはり単語
を覚えるしかありません。上の例でいえば、더운や더워요から덥다、아름다우니까や아름다워서から
아름답다を思い出せるようになりましょう。

また、第Ⅲ語基については、動詞の돕다（助ける）と形容詞の곱다（きれいだ）の時だけ、例外的
に語幹－ㅂ＋와となります。例外ですので、気を付けてください。

(1) 主なㅂ変則活用の用言

以下の単語はハン検4級の出題範囲に含まれる単語です。

☐ 暑い **덥다** ⇔ 寒い **춥다**   ☐ 熱い **뜨겁다** ⇔ 冷たい **차갑다**
☐ むずかしい **어렵다** ⇔ やさしい **쉽다**   ☐ 重い **무겁다** ⇔ 軽い **가볍다**
☐ 辛い **맵다**   ☐ 近い **가깝다**   ☐ 暗い **어둡다**
☐ 嬉しい **반갑다**   ☐ ありがたい **고맙다**   ☐ 横になる **눕다**
☐ 助ける **돕다**

ㅂ変則活用になる動詞は多くないので、早めに慣れてください。

겐타 씨는 어제부터 집에서 누워 있어요.   けんたさんは昨日から家で横になっています。

서울에서는 우리 친구들을 도와주셔서 고마웠어요.

ソウルでは友人たちを助けてくださりありがとうございました。

(2) 変則活用にならない主なㅂパッチム用言

語幹末のパッチムがㅂなのにㅂ変則用言にならないものとしては、입다(着る)や잡다(つかむ、つかまえる)、좁다(狭い)があり、これもハン検4級の範囲です。

미케하고 나비는 밖에서 매일 쥐를 잡았어요.

ミケとナビは外で毎日ネズミを捕まえました。

가린 씨가 입은 옷은 지은 씨에게는 작아서 못 입었어요.

かりんさんが着た服はチウンさんには小さくて着られませんでした。

表を完成させてみましょう。

ㅂ変則活用の形容詞・動詞

基本形	現在連体形	～なら	だから、ので	～です	～て、で
덥다	더운	더우면	더우니까	더워요	더워서
춥다					
뜨겁다					
차갑다					
맵다					
가깝다					
무겁다					
가볍다					
어둡다					
반갑다					
어렵다					
쉽다					
고맙다					
눕다					
돕다	돕는	도우면	도우니까	도와요	도와서

12-C 単語をふやそう⑦ **疑問詞の整理**

すでにいくつかの疑問詞が出てきましたが、ここでよく使う疑問詞を整理しておきましょう。基本的な疑問詞には、既出の単語を含めて次のようなものがあります。

❶ 単独で疑問詞になるもの

어디	どこ	어디에 가고 싶어요?
언제	いつ	언제 중국에 왔어요?
무엇 / 뭐	何	백화점에서 무엇을 샀어요?
누구	誰	누구하고 디즈니랜드에 갔어요?
누가	誰が	누가 가린 씨를 기다려요?
어떻게	どのように	미술관에는 어떻게 가요?
얼마나	どれくらい	집에서 학교까지 얼마나 걸려요?
왜	なぜ	왜 한국어를 공부해요?

❷ 後ろに名詞を伴うもの

また、後ろに名詞を伴う疑問詞には次のようなものがあります。

어느	どの	어느 김치가 맛있어요?
어떤	どんな	어떤 선물을 사면 좋아요?
무슨	なんの	무슨 일로 여기에 오셨어요?
몇	いくつ	몇 시에 약속을 했어요?

❸ 副詞的に使う場合

また、疑問詞を疑問ではなく、副詞的に「どこか」「何か」などの意味で使うこともあります。推測的な文脈で使われます。뭔가、누군가は「何か」「誰か」という意味になります。

뭐 사고 싶은 것이 있으면 제가 사 줄까요?
何か買いたいものがあれば私が買ってあげましょうか？

한국어는 뭔가 일본어에 없는 재미가 있어요.
韓国語は何か日本語にはない面白さがあります。

누구 아이유를 보고 싶은 사람이 있어요?
誰か IU に会いたい人がいますか？

応用練習

声を出して読んでみましょう。また、意味を確かめてみましょう。右側や文の下部に示してある単語
は辞書を引いてみましょう。

♪
41

12

ㅂ 変則用言

① 초코는 원래 좋은 할아버지 집에 살고 있었고 이름은 포치였어요.

② 그런데 갑자기 할아버지가 돌아가셨어요. 　　　　　　　 갑자기

③ 할아버지 아들은 개를 싫어해서 포치를 버렸어요. 　　 아들 / 싫어하다

④ 집을 잃은 포치는 어둡고 차가운 공원에서 살았어요.

⑤ 포치는 어느 날 작은 고양이를 괴롭히는 무서운 고양이를 봤어요.

　　　　　　　　　　　　　　　　　　　　　　 어느 날 / 무섭다

⑥ 그런데 크지도 않은 고양이가 와서 나쁜 고양이하고 싸웠어요. 　 나쁘다

⑦ 그 고양이는 이겨서 친구 고양이를 지켰어요. 　　　　　　　 지키다

⑧ 포치는 그 고양이를 보고 고마워서 인사를 했어요. 　　　　　 인사

⑨ 그 고양이가 미케였고 포치는 미케 주인 냄새를 조금 맡았어요.

　　　　　　　　　　　　　　　　　　　　　　 냄새 / 조금 / 맡다

⑩ 포치는 학교에서 가까운 식당 앞에 떨어진 핸드폰을 봤어요. 　 떨어지다

⑪ 핸드폰에서 미케 주인 냄새를 느꼈어요. 　　　　　　　　　 느끼다

⑫ 그래서 주변에서 핸드폰 주인을 찾고 있었어요. 　　　　　　 주변

⑬ 다음 날 추운 아침에 포치는 가린 씨를 찾아냈어요. 　 다음 / 찾아내다

⑭ 마이코 씨는 포치가 마음에 들어서 집에 데려 왔어요.

⑮ 마이코 씨 가족은 포치한테 초코라는 이름을 만들어 줬어요.

第13課 제가 바빠서 어떻게 하죠?

으変則用言

♪42

마이코 : 나비는 정말 예뻐요. 보러 가고 싶어요.

지은　 : 근데 제가 바빠서 어떻게 하죠?

　　　　아, 나비하고 마이코 씨 집에 놀러 가도

　　　　돼요?

마이코 : 그럼요. 우리 초코도 기뻐할 거예요.

지은　 : 초코가 커서 나비가 놀랄 수도 있어요.

　　　　한국에는 리트리버가 많지 않으니까요.

単語

예쁘다 (으変)	きれいだ、かわいい	근데 (그런데の縮約形)	ところで
바쁘다 (으変)	忙しい	어떻게	どうやって、どのように
그럼요	もちろんです	크다 (으変)	大きい
기쁘다 (으変)	嬉しい	기뻐하다	喜ぶ、嬉しがる
놀라다	驚く	리트리버	リトリバー（犬の種類）

発音　　어떻게 [어떠케]　　그럼요 [그럼뇨]　　많지 [만치]

> まいこ：ナビは本当にかわいいです。会いに行きたいです。
> チウン：でも、私が忙しくてどうしましょうか？
> 　　　　ああ、ナビとまいこさんの家に遊びに行っても
> 　　　　いいですか？
> まいこ：もちろんです。うちのチョコも喜ぶでしょう。
> チウン：チョコが大きくてナビが驚くかもしれないけど。
> 　　　　韓国にはリトリバーは多くないですから。

13-A　으変則用言の使い方

　語幹末に母音―がついている動詞・形容詞は、르の場合（これは第 14 課で学びます）をのぞいて、すべてこの으変則用言になります。으変則用言は語幹末のパッチムがありませんから、第Ⅰ・Ⅱ語基は語幹と同じです。第Ⅲ語基だけ、次のように変化します。

으変則用言の第Ⅲ語基

> ❶ 으の手前の母音が ト、ㅗ、ㅑ、ㅛ（陽母音）の場合
>
> | 語幹ー―＋ ト | 바쁘다 忙しい → 바빠　　아프다 痛い → 아파 |
> | | 나쁘다 悪い　→ 나빠　　고프다 すく → 고파 |

> ❷ 으の手前の母音が①以外（陰母音）または母音がない場合
>
> | 語幹ー―＋ ㅓ | 예쁘다 きれいだ、かわいい → 예뻐 |
> | | 슬프다 悲しい → 슬퍼 |
> | | 크다 大きい　→ 커　　쓰다 書く、使う → 써 |

　特に手前に母音がない크다、쓰다のような場合は、基本形を想像しにくいので、커요とか썼어요を見ても思い出せるようにしてください。

　으変則用言は쓰다のような動詞もありますが、形容詞が大部分です。したがって、形容詞なら現在連体形は第Ⅱ語基＋ㄴとなります。

　용한 씨가 사 준 모자는 너무 커요.　　ヨンハンさんが買ってくれた帽子は大きすぎます。

　지은 씨는 매일 일본어로 일기를 썼어요.
　チウンさんは毎日日本語で日記を書きました。

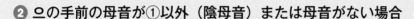

　ところで、変則活用に限らず形容詞は第Ⅲ語基に하다がつくと、「～したがる」という意味に動詞化されます。よく使われますし、実はすでに出てきた単語もあるのです。この使い方はぜひ知っておくといいです。

좋다　　→ 좋아하다	기쁘다 → 기뻐하다
예쁘다 → 예뻐하다	아프다 → 아파하다
슬프다 → 슬퍼하다	

13

으変則用言

よく使う으変則用言

으変則用言は日常的によく使う形容詞がたくさん含まれています。ぜひ使えるようになりましょう。たとえば、아프다は「痛い」という意味でよく使います。머리（頭）、배（腹）、허리（腰）、목（のど、首）、이（歯）などの部位をいえば、体のどこが痛いということを表現できます。ただし、몸（体）という単語は、몸이 아프다で「具合が悪い」という意味になり、体のどこかが痛いという意味では使いません。

形容詞では바쁘다（忙しい）、나쁘다（悪い）、아프다（痛い）、고프다（お腹がすく）、예쁘다（きれい、かわいい）、기쁘다（嬉しい）、슬프다（悲しい）、크다（大きい）、쓰다（苦い）がよく使う으変則用言で、なおかつハン検4級の単語に含まれるものです。

動詞では쓰다（使う／書く／かぶる）、끄다（明かりなどを消す）、모으다（集める）、뜨다（目を開く、太陽や月が出る）がよく使われ、ハン検4級の範囲とされています。으変則用言の中ではやはり、母音ーの手前に音節（母音）がない크다、쓰다、끄다、뜨다がいちばんむずかしいと思われます。以下の例文の써요や껐어요から基本形を見極められるよう覚えていきましょう。

なお、쓰다は動詞と形容詞と両方で使われますが、連体形は時制によってちがってきますので、注意してください。

한국어를 써서 비즈니스를 하고 싶어요.　　韓国語を使ってビジネスをしたいです。

가린 씨는 예쁜 글씨를 써요.　　かりんさんはきれいな字を書きます。

이 가방은 너무 커서 못 써요.　　このカバンは大きすぎて使えません。

마이코 씨는 두 시에 방 불을 껐어요.　　まいこさんは2時に部屋の明かりを消しました。

열심히 아르바이트를 해서 돈을 모았어요.　一生懸命アルバイトをしてお金を集めました。

13-C 　🐾 ┊ **応用練習**

声を出して読んでみましょう。また、意味を確かめてみましょう。右側に示してある単語は辞書を引いてみましょう。

♪

43

13

으変則用言

① 지은 씨는 나비를 하루만 마이코 씨한테 맡겼어요. 　　맡기다

② 나비는 밤에 그냥 자고 있었어요. 　　그냥

③ 그런데 초코는 나비가 귀여워서 친구가 되고 싶었어요. 　　귀엽다

④ 나비를 좋아하는 초코는 그냥 나비에게 다가갔어요. 　　다가가다

⑤ 나비는 놀라서 초코 코를 힘껏 때렸어요. 　　힘껏/때리다

⑥ 초코는 아파서 울었지만 자기 생각이 모자랐던 것을 알았어요.

⑦ 나비는 초코가 싫어서 방 구석에 들어가서 안 나왔어요. 　　방/구석/나오다

⑧ 밥을 못 먹은 나비는 밤에 배가 고팠어요. 　　고프다

⑨ 나비는 구석에서 밥을 먹었어요.

⑩ 나비는 초코가 자는 얼굴을 봤어요. 　　얼굴

⑪ 초코 코에 작은 상처가 있었어요. 　　상처

⑫ 초코는 나비하고 같이 하늘을 나는 꿈을 꾸고 있었어요. 　　하늘/날다/꿈/꾸다

⑬ 지은 씨는 다음날 오후에 겨우 숙제를 다 했어요. 　　겨우

⑭ 저녁에 지은 씨가 마이코 씨 집에 와서 나비를 데리고 떠났어요. 　　떠나다

⑮ 초코는 슬퍼서 조금 울었어요.

일본어를 몰라요?

🐱 르変과 ㄷ変

가린　　: 초코는 일본어를 몰라요?

마이코 : 개가 왜요? 어떻게 알아들어요?

가린　　: 미케는 책이라고 하면 책 위에 앉고

　　　　　의자라고 하면 의자 위에 올라가요.

　　　　　알아듣는 것이 아니에요?

마이코 : 그럼 다음에 한국어로 시험해 보면

　　　　　어때요?

単語

모르다 (르変)	知らない、わからない	앉다	すわる
의자	椅子	오르다 (르変)	上がる、登る
올라가다	上がる、上がっていく	알아듣다 (르変)	聞き取る、聞いてわかる
시험 (하다)	試験 (する)	어때요	いかがですか

発音　　앉다 [안따]　　앉고 [안꼬]　　알아듣는 [아라든는]

かりん：チョコは日本語がわかりませんか？
まいこ：イヌが何で？どうやって聞き分けるのですか？
かりん：ミケは本といえば本の上に座り、
　　　　椅子といえば椅子の上に上がります。
　　　　聞き分けているのではないですか？
まいこ：じゃあ、今度韓国語で試してみては
　　　　どうですか？

14-A　르変則用言の使い方

　この課ではいくつかの変則活用を学んでいきます。語幹末母音が르の変則用言は 3 種類あります。まず르変則用言です。

　語幹末が르の変則用言のほとんどは르変則用言です。動詞は모르다 (知らない)、오르다 (上がる、登る) 고르다 (選ぶ)、부르다 (呼ぶ、歌う)、기르다 (飼う)、形容詞は빠르다 (速い、迅速だ)、다르다 (異なる) など、たくさんあります。

14

르変とㄷ変

르変則用言の第Ⅲ語基

　르変則用言は語幹末にパッチムがありませんから、第Ⅰ・Ⅱ語基は語幹と同じで第Ⅲ語基が次のように変化します。

> **❶ 르の手前の母音が陽母音 （ ├、├、┴、┴ ） の場合**
>
> 　語幹の르の手前の部分＋ㄹ 라　　모르다 → 몰라、고르다 → 골라、
> 　　　　　　　　　　　　　　　　자르다 → 잘라

> **❷ 르の手前の母音が陰母音 （①以外） の場合**
>
> 　語幹の르の手前の部分＋ㄹ 러　　부르다 → 불러、기르다 → 길러

　르変則用言は、第Ⅲ語基で基本形にはなかったパッチムの ㄹ が現れます。르変則用言のⅢ語基の後に가다、보다などの動詞がつくことも少なくありません。以下にハン検 4 級の単語を中心に、르変の第Ⅲ語基における活用を示します。なお、다른 (ちがう、別の) は다르다の連体形ですが、連体詞のように辞書の見出し語にもなっています。빨리 (速く) は빠르다の副詞形ですが、やはり辞書の見出し語になる言葉です。

練習

表を完成させてみましょう。

모르다 知らない		몰라요	몰라서	몰라도
오르다 上がる、登る				
고르다 選ぶ				
부르다 呼ぶ、歌う		불러요	불러서	불러도
흐르다 流れる				
기르다 飼う				
다르다 異なる				
빠르다 速い				

14-B　語幹末母音が르の他の変則用言

(1)　으変則用言

　語幹末が르でありながら으変則用言 (13-A) になる用言が、ごくわずかあります。今のところ따르다 (従う、ついていく、(飲み物などを) 注ぐ) を覚えておけば充分です。르の手前が陽母音ですから、第Ⅲ語基は따라となります。後ろに가다や오다を伴うこともよくあります。

　初코는 항상 마이코 씨를 따라가요.　　チョコはいつもまいこさんについていきます。

　한 잔 따라 주세요.　　　　　　　　1杯ついでください。

(2)　러変則用言

　러変則用言は少ししかありません。이르다 (至る)、푸르다 (青い)、누르다 (黄色い) などわずかです。その上、基本形が同じでも이르다 (早い) や누르다 (押さえる、押す) は르変則用言です。母音語幹の用言ですから、第Ⅰ語基、第Ⅱ語基では規則変化とのちがいはありません。

　러変則用言は第Ⅲ語基が語幹＋러となります。

　한 시간 버스를 타고 집에 이르렀어요.　　1時間バスに乗って家に着きました。

　러変則用言はハン検4級でも含めていませんから、当面単語として覚える必要はなさそうですが、푸른 하늘 (青い空) というように連体形は比較的よく使うので知っているといいです。特に「青い空」は韓国の有名な童謡「半月 (반달)」の冒頭で「青い空の天の川 (푸른 하늘 은하수)」と歌われるようにある種の決まり文句です。

　누르다 (押さえる、押す) は「黄色い」という形容詞とちがって、르変則用言として活用します。これは韓国でトイレに入ったりすると「ボタンを押してください (단추를 눌러 주세요)」と書いてあることで目にすることができます。しかし、これは韓国語の説明がなくても、どうすべきかわかるでしょうね。

14-C ㄷ [디귿] 変則用言と注意点

(1) ㄷ変則用言

　ㄷ変則用言には듣다 (聞く)、묻다 (訊ねる)、걷다 (歩く)、알아듣다 (聞き取る) などの動詞があり、入門段階では多くありません。ㄷ変則用言は第Ⅱ・Ⅲ語基でパッチムがㄹに入れ替わる活用をします。あたかも基本形語幹末のパッチムがㄹだったかのように見えますから注意してください。

> **第Ⅱ語基** 語幹－ㄷ＋ㄹ＋으
> **第Ⅲ語基** 語幹－ㄷ＋ㄹ＋語幹末母音が陽母音なら아、陰母音なら어
>
> 듣다 → Ⅱ들으　들으면 / 들으니까 / 들으려고 / 들을까요？
> 　　　　Ⅲ들어　들어요 / 들어서 / 들어도 / 들었어요
> 걷다 → Ⅱ걸으　걸으면 / 걸으니까 / 걸으려고 / 걸을까요？
> 　　　　Ⅲ걸어　걸어요 / 걸어서 / 걸어도 / 걸었어요

제가 하는 말을 들으세요.　　　私がいうことをお聞きください。

몸이 아파서 걸을 수 없어요.　　具合が悪くて歩けません。

중국어를 잘 알아들어요?　　　中国語をよく聞き取れますか？

(2) 語幹末にㄷパッチムのある規則活用の用言

　語幹末にㄷパッチムがあっても받다 (受け取る)、믿다 (信じる)、닫다 (閉じる)、얻다 (得る) などは変則用言ではありません。

> 받다 → Ⅱ받으　받으면 / 받으니까 / 받으려고 / 받을까요？
> 　　　　Ⅲ받아　받아요 / 받아서 / 받아도 / 받았어요
> 믿다 → Ⅱ믿으　믿으면 / 믿으니까 / 믿으려고 / 믿을까요？
> 　　　　Ⅲ믿어　믿어요 / 믿어서 / 믿어도 / 믿었어요

문을 닫으세요.　　　　　　　　ドアを閉めてください。

겐타 씨 말은 믿을 수 있어요.　　けんたさんの言葉は信じられます。

선물은 받아 보면 알 수 있어요.　プレゼントは受け取ってみればわかります。

　ハン検4級の範囲には、上に示した変則用言と規則変化の両方の動詞が含まれます。ㄷ変則用言としては、ほかに깨닫다 (悟る)、싣다 (載せる、積む) があります。

対にして覚える動詞

□出る **나다** ⇔ 出す **내다**　　　　□消す **끄다** ⇔ つける **켜다**

□終わる **끝나다** ⇔ 終える **끝내다**　□聞く **듣다** ⇔ 聞こえる **들리다**

□出て行く **나가다** ⇔ 出てくる **나오다**　□残る **남다** ⇔ 残す **남기다**

□現れる **나타나다** ⇔ 現す **나타내다**

□かける **걸다** ⇔ かかる **걸리다**　　□回る **돌다** ⇔ 回す **돌리다**

□帰る **돌아가다** ⇔ 帰ってくる **돌아오다**　□泣く **울다** ⇔ 笑う **웃다**

□立つ・(車などが) 停まる **서다** ⇔ 立てる・停める **세우다**

□入って行く **들어가다** ⇔ 入ってくる **들어오다**

□到着する **도착하다** ⇔ 出発する **출발하다**

□勝つ **이기다** ⇔ 負ける **지다**

□生まれる **태어나다** ⇔ 死ぬ **죽다**

□寝る **자다** ⇔ 目覚める・目を覚ます **깨다** → 起きる **일어나다**

□嫌う **싫어하다** ⇔ 好きだ **좋아하다**

□合う **맞다** ⇔ まちがう **틀리다**　　□知る **알다** ⇔ 知らせる **알리다**

□開く **열다** ⇔ 開かれる **열리다**　　□なくす **잃다** ⇔ 得る **얻다**

□咲く **피다** ⇔ 咲かせる・(タバコを) 吸う **피우다**

 応用練習

声を出して読んでみましょう。また、意味を確かめてみましょう。右側に示してある単語は辞書を引 ♪
いてみましょう。

① 미케는 실은 한국어도 일본어도 알아들어요.

② 하지만 사람의 말을 할 수는 없어요.

③ 항상 미케는 말을 못 알아듣는 척해요.

④ 그래도 가린 씨가 아주 기뻐하니까 가끔 서비스해요.　　　서비스

⑤ 가린 씨가 어느 날 미케한테 한국어로 책이라고 했어요.　　어느 날

⑥ 미케는 책 위에 올라갔어요.

⑦ 가린 씨가 놀랐으니까 미케는 아주 기뻤어요.

⑧ 그 다음에 가린 씨는 한국어로 신문이라고 했어요.　　　다음

⑨ 그런데 거기에 신문이 없었어요.

⑩ 미케는 항의해서 야옹이라고 큰 소리로 울었어요.　　　항의

⑪ 가린 씨는 미케 머리를 쓰다듬어 줬어요.　　　쓰다듬다

⑫ 그리고 어제 사 놓은 맛있는 밥을 줬어요.

⑬ 마이코 씨는 지은 씨 집에 가서 나비의 능력을 시험했어요.　능력

⑭ 나비는 한국에서 왔으니까 아직 일본어는 몰라요.　　　아직

⑮ 마이코 씨가 혼이라고 해도 나비는 책 위에 안 올라갔어요.

⑯ 하지만 지은 씨가 한국어로 책이라고 하면 책 위에 올라갔어요.

⑰ 마이코 씨가 의자라고 하면 나비는 마이코 씨 무릎 위에 올라갔어요. 무릎

⑱ 빈 의자가 없어서 마이코 씨한테 간 거예요.　　　비다

⑲ 마이코 씨는 나비의 능력을 확인했어요.　　　확인

⑳ 마이코 씨는 집에 가서 초코도 시험해 보려고 생각했어요.

까만 스웨터가 잘 어울려요.

🐱 ㅎ 変則用言

♪ 46

마이코 : 선배, 까만 스웨터가 잘 어울려요.
　　　　어디서 샀어요?

겐타 　 : 마트에서요. 원래 파란 거 사고
　　　　싶었지만 없었어요.

마이코 : 하얀 바지하고 까만 스웨터가 판다
　　　　같아서 귀여워요.

겐타 　 : 이웃 집 고양이가 이런 색깔이에요.

単語

까맣다 (ㅎ変)	黒い	스웨터	セーター
어울리다	似合う	원래	もともと
파랗다 (ㅎ変)	青い	하얗다 (ㅎ変)	白い
바지	ズボン	같다 (名詞について)	～のようだ、～みたいだ、～と同じだ
이웃	となり		
이렇다 (ㅎ変)	こうだ	색깔	色

まいこ：先輩、黒いセーターがよく似合っています。
　　　　どこで買いましたか？
けんた：マートでです。もともと青いのを買いたかっ
　　　　たのですが、なかったんです。
まいこ：白いズボンと黒いセーターがパンダ
　　　　みたいでかわいいです。
けんた：お隣のネコがこんな色です。

15-A　ㅎ (히읗 [히은]) 変則用言の使い方

ㅎ変則用言は語幹末のパッチムがㅎである用言の一部に現れるもので、基本的に形容詞です。語幹末パッチムがㅎでも、좋다 (いい)、낳다 (生む)、넣다 (入れる)、놓다 (置く) などは規則変化をします。この 4 つの単語はよく使うので覚えましょう。以下に、ㅎ変則用言の形容詞を示してみましょう。

이렇다 こうだ	하얗다 白い	노랗다 黄色い
그렇다 そうだ	까맣다 黒い	동그랗다 丸い
저렇다 ああだ	파랗다 青い	커다랗다 大きい
어떻다 どんなだ	빨갛다 赤い	길다랗다 長い

ㅎ変則用言はすぐに使いこなせるようにする必要はないでしょうが、色に関する形容詞が多いので、連体形だけは覚えてください。連体形としてはハン検 4 級の範囲にも含まれます。まず、活用の規則について説明しましょう。

第Ⅰ語基は語幹と同じです。第Ⅱ語基は語幹からㅎが抜けます。第Ⅲ語基ではやはりㅎが抜けた上、末尾の母音がㅐになります。独特の変則的活用です。ただし、하얗다の第Ⅲ語基は**하얘**となります。

第Ⅱ語基	語幹ーㅎ
第Ⅲ語基	語幹ーㅎー末尾母音＋ㅐ

ㅎ変則用言	그렇다 そうだ	Ⅱ그러～그러면／그러니까／그런
		Ⅲ그래～그래요／그래서／그래도
規則変化	좋다 いい	Ⅱ좋으～좋으면／좋으니까／좋은
		Ⅲ좋아～좋아요／좋아서／좋아도
	놓다 置く	Ⅱ놓으～놓으면／놓으니까／놓은
		Ⅲ놓아～놓아요／놓아서／놓아도

ㅎ変則用言でよく使われるのが、이렇다 / 그렇다 / 저렇다です。特に그렇다はその活用した形が接続詞として辞書の見出し語に立つ頻出単語です。그래도、그래서などは、그렇다の第Ⅲ語基が使われるので그래という形をとります。

Ⅱ그러면	それでは		Ⅲ그래도	それでも
그러나	しかし		그래서	それで、だから
그러니까	だから		그랬더니	そうしたら
그런데	ところで、ところが		그래요	そうです
그런	そんな（連体形）		그랬어요	そうでした

色に関する言葉

　色 (색 / 색깔 / 빛) に関する感覚や表現は、言語や民族それぞれで異なっています。韓国では在来種の茶色いウシを韓牛 (韓牛) といいますが、このウシを황소とも呼びます。황とは「黄」という漢字で、つまり韓国の感覚ではこのウシは黄色いものととらえられているわけです。一方、러変則用言の푸르다 (青い) は基本的には「青」ですが、緑も含まれます。日本で信号の緑を一般に「青」と呼ぶのと似ています。

　さて、色を表わす言葉は多様で、数え切れないくらいたくさんあります。日本語では「白い」「赤い」「青い」「黒い」が「色」という言葉を使わずに呼ばれる色の基本単語ですが、韓国語ではもうひとつ「黄色い」もㅎ変則用言で「～色 (색)」といわないで表現します (もちろんこれらの形容詞を連体形にして色を付けることはできます)。こうした基本的な色を示す言葉は、別の呼称を持っています。

白い	赤い	青い	黒い	黄色い
하얗다	빨갛다	파랗다	까맣다	노랗다
희다	붉다	푸르다 (러変)	검다	누르다 (러変)

　では、上に示した呼び方はどのようにちがうのでしょうか。上のㅎ変則用言の言葉は「真っ白」「真っ赤」というようにその色が鮮やかではっきりしているようすを示します。むしろ普通の色の表現としては下のほうがよく使われます。ハン検4級では희다と검다を範囲に含めています。たとえば「クロネコ」は검은 고양이または검고양이といって、까맣다は使いません。「白髪」であれば흰머리ですが、「白く染めた髪」ならば하얀 머리もありうるでしょう。「青空」は푸른 하늘も파란 하늘も使います。

　このほか「～色」という呼び方で色彩をさす言葉は次のようなものがあります。実は「～色」という言葉はしばしば漢字語です。日本と同じ漢字を当てていることも少なくありません。

보라색 紫色　　핑크색/분홍 (粉紅) 색 ピンク色
장미 (薔薇) 빛 ばら色　　초록 (草緑) 색 黄緑色　　회 (灰) 색 灰色
녹 (緑) 색 緑色　　갈 (褐) 색 茶色　　검정색 黒・こげ茶色

応用練習

声を出して読んでみましょう。また、意味を確かめてみましょう。右側に示してある単語は辞書を引 ♪
いてみましょう。
47

① 초코는 마이코 씨 말을 잘 들어요.

② 마이코 씨는 초코가 일본어를 알아듣는 능력을 시험해 봤어요.

③ 마이코 씨가 「앉아」라고 하면 초코는 앉고 「서」라고 하면 서요.

④ 이런 일은 말을 잘 듣는 개라면 다 할 수 있어요.

⑤ 마이코 씨는 방 바닥에 하얀 옷과 빨간 책을 놓았어요. 　　　　바닥

⑥ 그리고 일본어로 책이라고 말했어요.

⑦ 그러면 초코는 옷과 책 위에 누웠어요.

⑧ 그래서 마이코 씨는 일본어로 옷이라고 했어요.

⑨ 초코는 꼬리를 치면서 마이코 씨 무릎 위에 올라탔어요. 　꼬리/치다

⑩ 마이코 씨는 다시 옷이라고 말했어요.

⑪ 초코는 현관 쪽으로 가버렸고 안 돌아왔어요. 　　　현관/쪽

⑫ 그런데 초코는 10분 후에 노란 티셔츠를 가져왔어요. 후/티셔츠/가져오다

⑬ 마이코 씨는 네 시에 초코하고 산책을 나갔어요. 　　　산책

⑭ 옷가게 앞에는 여러 색깔 티셔츠가 전시돼 있었어요. 가게/여러/전시

⑮ 초코는 티셔츠를 보고 멍멍 짖으면서 꼬리를 쳤어요. 　　　짖다

第16課 감기가 벌써 나았어요.

♪48

용한 : 오늘 아침부터 초코 집을 지었어요.
　　　 그런데 추워서 감기 들었어요.
가린 : 우리 집 미케도 지난주에 감기 들었어요.
용한 : 고양이도 감기 들어요? 동물병원에
　　　 가봤어요?
가린 : 네, 심한 감기가 아니어서 주사를 맞고
　　　 벌써 나았어요.

単語

짓다 (ㅅ変則)	① (本などを) 作る	감기 (가) 들다	風邪をひく
	② (家を) 建てる	동물병원	動物病院
	③ (農作業を) する	심하다	ひどい、深刻だ
벌써	すでに、もう	주사	注射
맞다	①注射を打つ	낫다 (ㅅ変則)	① (動詞) 治る
	②合っている、正しい		② (形容詞) ましだ、よい
	③たたかれる、殴られる		

ヨンハン：今朝からチョコの家を作りました。
　　　　　でも寒くて風邪をひきました。
かりん　：うちのミケも先週風邪をひきました。
ヨンハン：ネコも風邪をひくのですか？動物病院に
　　　　　行ってみましたか？
かりん　：はい、ひどい風邪じゃなくて、注射して、
　　　　　もうよくなりました。

16-A　ㅅ [시옷] 変則用言の使い方

ㅅ変則用言は짓다 (作る、建てる、創作する)、잇다 (継ぐ、続く)、낫다 (動詞で「治る」、形容詞で「よりよい、ましだ」) など、あまり多くありません。語幹末にㅅパッチムがあっても、웃다 (笑う)、빼앗다 (奪う) などは規則変化です。

ㅅ変則用言は第Ⅱ語基、第Ⅲ語基ともにパッチムのㅅが落ちた上、第Ⅱ語基では으がつき、第Ⅲ語基では語幹末母音が陽母音であれば아、陰母音であれば어がつきます。

> **第Ⅱ語基** 語幹ーㅅ＋으
> **第Ⅲ語基** 語幹ーㅅ＋語幹末母音が陽母音なら아、陰母音なら어
>
> 　짓다 → Ⅱ지으／Ⅲ지어　　낫다 → Ⅱ나으／Ⅲ나아

ㅅ変則用言はあたかも語幹末のパッチムがなかったかのように見えますが、第Ⅱ語基で으がついてくるのが特徴です。으は語幹末にパッチムのない規則変化の用言ならば、あるはずがないものです。それがあるからこそ、変則用言だとわかるのです。

가린 씨 할아버지는 이 집을 지으셨어요.
かりんさんのおじいさんはこの家を建てられました。

이 소설을 지은 사람이 우리를 도와주셨어요.
この小説を書いた人が私たちを助けてくださいました。

감기도 나아서 요즘은 매일 공원에 가요.
風邪も治ってこのごろは毎日公園に行きます。

작은 식당을 이어받아서 오늘까지 왔어요.
小さな食堂を受け継いで今日まで来ました。

語幹末にㅅパッチムのある規則活用の用言

語幹末にㅅパッチムのある規則活用の用言は、たとえば웃다であれば第Ⅱ語基で웃으、第Ⅲ語基で웃어となります。

자주 웃으면 안 돼요.　しょっちゅう笑ってはいけません。

語幹末にㅅパッチムがある用言のうち、ハン検4級ではㅅ変則用言の짓다、낫다と、規則変化の웃다だけが範囲ですので、覚えてしまいましょう。

単語をふやそう⑨　**動詞その3**

- ☐ 持つ **가지다**
- ☐ ① (目を) 閉じる ② (髪を) 洗う **감다**
- ☐ 安くする・削る **깎다**
- ☐ 分かち合う **나누다**
- ☐ 越える **넘다**
- ☐ 驚く **놀라다**
- ☐ 怪我をする **다치다**
- ☐ 立ち上がる、先頭に立つ・出る **나서다**
- ☐ 磨く・拭く **닦다**
- ☐ 変わる **달라지다**
- ☐ 入れる・盛り込む・(口に) 出す **담다**
- ☐ 投げる **던지다**
- ☐ 返す **돌려주다**
- ☐ 置く **두다**
- ☐ 入る・入り込む **들어서다**
- ☐ 発つ **떠나다**
- ☐ 終える **마치다**
- ☐ 落ちる・離れる・(在庫が) なくなる **떨어지다**
- ☐ (時間などを) 合わせる **맞추다**
- ☐ 引き受ける・担う **맡다**
- ☐ 集まる **모이다**
- ☐ 不足する **모자라다**
- ☐ 結ぶ・締める **매다**
- ☐ 望む **바라다**
- ☐ ながめる **바라보다**
- ☐ 変える **바꾸다**
- ☐ 明らかにする **밝히다**
- ☐ 変わる **변하다**
- ☐ 借りる **빌리다**
- ☐ くっつく **붙다**
- ☐ 数える **세다**
- ☐ ～させる、注文する **시키다**
- ☐ 洗う **씻다**
- ☐ (靴などを) はく **신다**
- ☐ 育つ **자라다**
- ☐ すごす **지내다**
- ☐ 打つ **치다**
- ☐ 差し上げる・あげる・(式などを) 挙げる **올리다**
- ☐ 撮る・印刷する **찍다**
- ☐ やり取りする **주고받다**
- ☐ 広げる・伸ばす・敷く **펴다**
- ☐ やりとげる **해내다**
- ☐ 探す・見つける・訪ねる **찾다**
- ☐ 濁らせる、曇らせる **흐리다**

16-C　変則活用の総まとめ

第 16 課で変則活用の学習は終わりです。最後にまとめて変則活用の特徴や、その覚え方を述べてみましょう。

① 語基ごとの語尾とのつながりを身に着けてマスターする

これまでも 3 つの語基を通じて変則活用を説明しましたが、語基に基づく説明は合理的に変則活用を身に着けるうえでとても便利です。語尾とのつながりで例外は起こりませんから、どの語基にどの接続語尾が付くか、しっかりマスターしましょう。

> **第Ⅱ語基** ㄹ語幹でㄹパッチムが残る語尾　면　면서　러
>
> 　　　　ㄹ語幹でㄹパッチムが消える語尾
>
> 　　　　　　　니까　ㄹ까요?　ㄹ 시 / 세요 / 셨어요
>
> **第Ⅲ語基** 서　요　도　ㅆ다　버리다 / 주다 / 보다 などの用言

② 語基ごとのそれぞれの用言の活用の特徴を理解する

子音語幹の変則活用

規則活用の第Ⅱ語基は語幹＋으ですが、変則活用では以下のような変化があります。

ㄹ語幹の場合は、第Ⅱ語基に続く語尾をとる時、ㄹが残る時と落ちる時がありますが、どちらにしても으が入ることはなかった点をよく記憶して、以下の説明をお読みください。

> A. 語幹末の子音が消えるのに으が残るもの　　　　ㅅ変
> B. 語幹末の子音がㄹになるのに으が残るもの　　　ㄷ変
> C. 語幹末の子音が消えて代わりに우が入るもの　　ㅂ変
> D. 語幹末の子音が消えるだけのもの　　　　　　　ㅎ変

ㅎ変は第Ⅲ語基においてㅎも末尾の母音も消えてㅐが入ります。これは難しいので、今覚えなくてもいいでしょう。

母音語幹の変則活用

으変については基本形の末尾にあった母音ーが消えてしまう点が難しいです。

르変は基本形にあった르が消えて、ㄹㄹというもともとなかった二重のㄹが現われることが難しさです。

変則活用の一覧表

子音語幹

	活用の特徴	該当する用言	規則活用
ㅂ変	**第Ⅱ語基　語幹－ㅂ＋우** ㅂを落とし代わりに우 **第Ⅲ語基　語幹－ㅂ＋워** ㅂを落とし代わりに워	形容詞 덥다 , 춥다 , 맵다 뜨겁다 , 차갑다 , 가깝다 어렵다 , 쉽다 , 무겁다 가볍다 , 어둡다 반갑다 , 고맙다 動詞 눕다 , 돕다	잡다 입다 좁다
ㄷ変	**第Ⅱ語基　語幹－ㄷ＋ㄹ＋으** **第Ⅲ語基　語幹－ㄷ＋ㄹ＋아 / 어** <u>語幹末母音が陽母音なら아、</u> <u>陰母音なら어</u>	듣다 , 묻다 , 걷다 , 싣다 알아듣다 , 깨닫다	받다 믿다 닫다 얻다
ㅎ変	**第Ⅱ語基　語幹－ㅎ** **第Ⅲ語基　語幹－ㅎ－末尾母音＋ㅐ**	까맣다 , 하얗다 , 그렇다 이렇다 , 저렇다 , 어떻다 동그랗다	놓다 넣다 좋다
ㅅ変	**第Ⅱ語基　語幹－ㅅ＋으** **第Ⅲ語基　語幹－ㅅ＋아 / 어** <u>語幹末母音が陽母音なら아、</u> <u>陰母音なら어</u>	짓다 , 잇다 , 낫다	벗다 웃다 빼앗다

母音語幹　第Ⅱ語基までは規則変化と同じ

	活用の特徴	該当する用言	例外
으変	第Ⅲ語基 ① 으の手前が ㅏ、ㅗ、ㅑ、ㅛ 語幹ー一＋ㅏ ② 으の手前が①以外または母音なし 語幹ー一＋ㅓ	바쁘다 , 아프다 나쁘다 , 고프다 예쁘다 , 슬프다 크다 , 쓰다 形容詞が多い	따르다を除く 르変則活用
르変	第Ⅲ語基 ① 르の手前が ㅏ、ㅑ、ㅗ、ㅛ 語幹르の手前部分＋ㄹ라 ② 르の手前の母音が①以外 語幹르の手前部分＋ㄹ러	모르다 , 오르다 고르다 , 다르다 부르다 , 기르다 빠르다 動詞・形容詞ともに	르変 러変

16

ㅅ変則用言

127

연말에는 한국에 가야 돼요.

🐱 **義務と禁止**

♪49

지은 : 3월부터 봄학기가 시작되니까 연말에는 한국에 가야 돼요. 비행기 예약도 다 됐어요.

가린 : 너무 섭섭해요. 우리도 2월에는 서울에 갈게요.

마이코 : 1년이 빨리 지나갔네요. 가기 전에 나비를 꼭 보고 싶어요. 잊지 마세요.

지은 : 그럼 모레 시부야에 놀러 가고 저녁을 우리 집에서 먹어요. 나비를 볼 수 있어요.

単語

시작되다	始まる	비행기	飛行機
예약	予約	섭섭하다	寂しい、名残惜しい
Ⅱ + ㄹ게요	～ます（約束）	지나가다	すぎる、過ぎていく
전	前	꼭	必ず、きっと
잊다	忘れる	Ⅰ + 지 말다	～してはいけない（禁止）

発音 섭섭해요 [섭써패요]

チウン：3月から春学期が始まるから、年末には韓国に帰らなくちゃいけません。飛行機もちゃんと予約出来ました。
かりん：とっても寂しいです。私たちも2月にはソウルに行きます。
まいこ：1年は早いですね。帰る前に必ずナビに会いたいです。忘れないでください。
チウン：じゃあ、明後日一緒に渋谷に遊びに行って、夕飯をうちで食べましょう。ナビに会えますよ。

17-A　義務と禁止の表現

「〜しなければならない」という義務の表現は第Ⅲ語基＋야 하다または되다で表わします。ここまで勉強してきた皆さんには難しくないでしょうが、変則活用の第Ⅲ語基は注意して使いましょう。

　義務の表現を少し軽い感じでいうと第Ⅲ語基＋야겠다となります。「〜しなくちゃ」くらいですが、状況に応じて日本語にしてください。

> **第Ⅱ語基＋야 하다 / 되다**
> **第Ⅲ語基＋야겠다**

볼일이 있어서 금요일에 누나를 도와줘야 돼요.
用事があって金曜日にお姉さんを手伝わないといけません。

숙제는 매일 매일 해야겠어요.　　宿題は毎日毎日しなくちゃね。

また、第Ⅰ語基＋지 말다は禁止の意味になります。

> **第Ⅰ語基＋지 말다 / 말아요 / 마세요**

여기서 담배를 피우지 마세요.　　ここでタバコを吸わないでください。

고양이에게 매운 것을 주지 마세요.　　ネコに辛い物をあげないでください。

また、第Ⅰ語基＋기 전에で「〜する前に」といういい方になります。기は動詞を名詞化する役割をしています。もちろん、その部分に名詞を入れることもできます。

유학하기 전에 한국어를 열심히 공부해야 돼요.
留学する前に韓国語を一生懸命勉強しなければいけません。

영어 시험 전에는 공부했지만 벌써 단어를 잊어버렸어요.
英語の試験前には勉強しましたが、もう単語を忘れてしまいました。

　最後に会話でしばしば使われる第Ⅱ語基＋ㄹ게요といういい方を説明します。これは第一人称で「〜するつもりです」「〜します」という意味です。もともとは第Ⅱ語基＋ㄹ 것이다から来ていますが、것이の縮約形の게に丁寧語尾の요が付いたものです。요をなくしてしまえば 17-D に紹介するぞんざいないい方になります。

갈게요.　　行きます。(別れる時にいえば「さようなら」です)

제가 할게요.　　私がします。

17

義務と禁止

地理 지리

☐ 東側 **동쪽**	☐ 西側 **서쪽**	☐ 南側 **남쪽**	☐ 北側 **북쪽**
☐ 方向 **방향**	☐ 前 **앞**	☐ 後ろ **뒤**	☐ 脇・横 **옆**
☐ 上 **위**	☐ 下 **아래**	☐ 下・底 **밑**	☐ 内・中 **안**
☐ 中 **속**	☐ 外 **밖**	☐ 左側 **왼쪽**	☐ 右側 **오른쪽**
☐ 真ん中 **가운데**	☐ 向かい側 **맞은편**	☐ 地図 **지도**	☐ 山 **산**
☐ 海 **바다**	☐ 川 **강**	☐ 島 **섬**	☐ 都市 **도시**
☐ 銀行 **은행**	☐ ホテル **호텔**	☐ 病院 **병원**	
☐ 郵便局 **우체국**	☐ アパート・団地 **아파트**		☐ 階段 **계단**
☐ 建物 **건물**	☐ 故郷 **고향**	☐ 首都 **수도**	☐ 地方 **지방**
☐ 通り・町 **거리**	☐ 住所 **주소**	☐ 列・行 **줄**	☐ 側 **편**

交通機関 교통기관

☐ 電車 **전철**	☐ 地下鉄 **지하철**	☐ 汽車 **기차**	☐ 飛行機 **비행기**
☐ バス **버스**	☐ 車 **자동차**・**차**	☐ 自転車 **자전거**	☐ 船 **배**
☐ タクシー **택시**	☐ 空港 **공항**	☐ 駅 **역**	☐ キップ **표**
☐ ドア・門 **문**	☐ 道 **길**	☐ 道路 **도로**	☐ 橋 **다리**

野菜 채소

☐ ニンジン **당근**	☐ ネギ **파**	☐ タマネギ **양파**	☐ ダイコン **무**
☐ ハクサイ **배추**	☐ キャベツ **양배추**	☐ キュウリ **오이**	
☐ ニンニク **마늘**	☐ ジャガイモ **감자**	☐ サツマイモ **고구마**	
☐ ナス **가지**	☐ サンチュ（サニーレタス）**상추**		

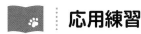

声を出して読んでみましょう。また、意味を確かめてみましょう。右側や文の下部に示してある単語 ♪
は辞書を引いてみましょう。

50

① 가린 씨하고 마이코 씨는 내년 3월에 한국에 유학을 갈 거예요.

② 가린 씨는 한국 역사나 문학에 관심이 있어요. 　　　　　문학

③ 마이코 씨는 한국에서 인기가 있는 만화에 관심이 있어요.

④ 마이코 씨가 없는 동안 모모코 언니가 초코를 돌봐줘요. 　　돌봐주다

⑤ 모모코 언니도 프리티대학교에 다녔고 한국에 유학을 했어요.

⑥ 그 당시에는 집에 귀여운 고양이가 있었어요. 　　　　　당시

⑦ 언니가 없는 동안 마이코 씨가 고양이를 돌봐줬어요. 　　동안/돌보다

⑧ 언니도 초코가 아주 마음에 들었어요.

⑨ 언니는 초코라는 이름을 만든 사람이에요.

⑩ 초코 색깔이 크림초코와 닮았기 때문이에요. 　　　닮다/기 때문에

⑪ 가린 씨가 없는 동안 미케는 마음대로 살아갈 생각이에요. 　　마음대로

⑫ 매일 운동해서 열심히 싸우고 잘 놀고 싶어요.

⑬ 가린 씨 언니는 서울에서 통역사로 일하고 있어요. 　　　통역사

⑭ 가린 씨는 앞으로 한국에 관한 일을 하고 싶어요. 　　　관하다

⑮ 그래서 계속해서 열심히 한국어를 많이 공부할 생각이에요. 　　계속하다

⑯ 마이코 씨는 일본에서 번역된 한국 만화는 거의 다 읽었어요. 　번역/거의

⑰ 그런데 번역된 한국 만화는 별로 없었어요.

⑱ 마이코 씨는 인터넷을 통해서 한국 웹툰을 많이 봤어요.

인터넷/통하다/웹툰

⑲ 한국 웹툰은 드라마나 영화의 원작이 됐어요. 　　　　원작

⑳ 마이코 씨는 한국 웹툰을 깊이 알아보고 싶어요. 　　깊이/알아보다

17

義務と禁止

131

> 나비 : 나 지은 언니하고 한국에 돌아간다.
>
> 미케 : 그래, 잘 가. 외국까지 잘 왔다, 고양이
>
>   주제에.
>
> 나비 : 내가 없어도 잘 살아라.
>
> 미케 : 걱정 마. 너도 울어서 야단맞지 마.

単語

그래	そう	주제	分際
마	말다（禁止）の縮約形	야단맞다	叱られる、怒られる

> ナビ：私、チウンオンニと韓国に帰るよ。
> ミケ：そう、じゃあな。外国までよく来たよ、
>   ネコのくせに。
> ナビ：私がいなくても元気でね。
> ミケ：心配するな。おまえも、泣いて叱られるなよ。

最後に、これから皆さんがインターネットなどで韓国語を見ていくときに役に立ちそうなことをお知らせしておきます。

⑴　下称

まず、話す時のぞんざいな話し方で、書く時には「である調」になる、下称と呼ばれる文体があります。新聞や本はこうした文体で書かれています。これは基本形、あるいは過去・未来の基本形のほか、特定の語尾が付いた形があります。疑問形であると、語尾が가や니になりますが、1年次の学習範囲ではありませんから説明は省略します。

ここでは、よく出てきそうなものを少しだけ紹介しましょう。第11課 D⑵でも触れましたが「～しよう」という勧誘の意味の자という語尾は知っていてもいいでしょう。引用形でも使います。고は引用を示す「と」にあたる言葉です。

초코가 나비하고 같이 한국에 가자고 해요.　チョコがナビと一緒に韓国に行こうといいます。

もうひとつ、命令形で「～しろ」という文字通り命令調になる語尾が라です。この라は用言との接続で古い形もあり説明が難しくなるので、ここでは紹介にとどめます。

注意したいのは動詞の基本形につく下称です。動詞の基本形は語幹末にパッチムがないと다の手前にㄴが付き、あると는がつきます。本文1行目でナビが간다といっているのもこの形です。ㄴや는がついても、意味は変わりません。

나비는 한국에 돌아간다고 했어요.　ナビは韓国に帰るといいました。

この形は間接話法の引用形ですが「韓国に帰る」という引用の中の部分の語尾に下称が使われますので、知らないと戸惑うだろうと思います。

なお、形容詞については基本形のままで下称として通じます。

아, 나비는 정말 예쁘다.　ああ、ナビは本当にかわいい。

⑵　パンマル（略待）

これに対し、第Ⅲ語基そのままでいい終わる形は、親しい人、年下の人に対して話す時のいい方です。もしも요が付けば丁寧ないい方になる文体です。親しい友だち同士であれば、この下称とパンマルが混ざって出てくるような会話になります。こうした話し方をすると、親しみを持って話している感じがするので、外国人学習者がよく使いたがるのですが、相手との関係や状況をよく考えて使うように注意しましょう。

⑶　丁寧な命令形

本文には出てきていませんが、これに対して丁寧な命令形もあります。第Ⅱ語基＋십시오で、「～してください」という意味になります。前に出てきた第Ⅱ語基＋세요よりも丁寧な形です。

서울에서 한국어를 공부하십시오.　ソウルで韓国語を勉強してください。

1年次の学習で極めることができなかったことはこれから学んでください。

変則活用の用言を積極的に使いながら、作文し友だちと発表し合ってみましょう。

1) この頃の気候についての感想や健康の留意事項

- ☐ **덥다 춥다 뜨겁다 차갑다** （参照 P.104）
- ☐ **비 태풍** （参照 P.74）
- ☐ 暖かい **따뜻하다**
- ☐ 涼しい、気持ちがいい **시원하다**
- ☐ 涼しい **선선하다**
- ☐ 蒸し暑い **무덥다**
- ☐ 晴れ **맑음**
- ☐ くもり **흐림**
- ☐ 雨が降る **비가 오다**
- ☐ 雪が降る **눈이 오다**
- ☐ 夕立が降る **소나기가 오다**
- ☐ 風が吹く **바람이 불다**
- ☐ 風邪をひく **감기가 들다 / 감기에 걸리다**
- ☐ 熱が出る **열이 나다**
- ☐ 汗が出る **땀이 나다**
- ☐ 具合が悪い **몸이 아프다**
- ☐ 涙が出る **눈물이 나다**
- ☐ 病院 **병원**

2) 日用品、ファッションの好み

- ☐ 化粧品 **화장품**
- ☐ シャンプー **샴푸**
- ☐ リンス **린스**
- ☐ 石けん **비누**
- ☐ 歯みがき **치약**
- ☐ 歯ブラシ **칫솔**
- ☐ ネイル **네일**
- ☐ ひげそり **면도기**
- ☐ ドライヤー **드라이어**
- ☐ 髪を洗う **머리를 감다**
- ☐ 美容室 **미용실**
- ☐ カバン **가방**
- ☐ ティッシュ **티슈**
- ☐ リップスティック **립스틱**
- ☐ 靴 **구두**
- ☐ はきもの **신발**
- ☐ 靴下 **양말**
- ☐ ズボン **바지**
- ☐ スカート **치마**
- ☐ メガネ **안경**
- ☐ かさ **우산**
- ☐ 鏡 **거울**
- ☐ 財布 **지갑**
- ☐ 指輪 **반지**
- ☐ ハンカチ **손수건**
- ☐ スーツ・洋服 **양복**
- ☐ 首飾り **목걸이**

3) 体の部位

- ☐ 体 **몸**
- ☐ 頭・髪 **머리**
- ☐ 顔 **얼굴**
- ☐ 額 **이마**
- ☐ 目 **눈**
- ☐ 耳 **귀**
- ☐ 口 **입**
- ☐ 鼻 **코**
- ☐ 首・のど **목**
- ☐ 胸 **가슴**
- ☐ 肩 **어깨**
- ☐ 腕 **팔**
- ☐ 手 **손**
- ☐ 腹 **배**
- ☐ 背 **등**
- ☐ 身長 **키**
- ☐ 脚 **다리**
- ☐ 足 **발**
- ☐ 膝 **무릎**
- ☐ 腰 **허리**
- ☐ 手の指 **손가락**
- ☐ 手の爪 **손톱**
- ☐ 手足 **손발**
- ☐ 手首 **손목**
- ☐ 白髪 **흰머리**
- ☐ 声 **목소리**
- ☐ 心 **마음**
- ☐ 血 **피**
- ☐ 背が高い **키가 크다**

4) 自分が好きな歌やドラマ、映画など

- 音楽 **음악**
- K-POP **케이팝**
- ダンス **댄스**
- バラード **발라드**
- 歌手 **가수**
- 音、声 **소리**
- 声 **목소리**
- ラップ **랩**
- ヒップホップ **힙합**
- 楽器 **악기**
- クラシック **클래식**
- ドラマ **드라마**
- 映画 **영화**
- 映像 **영상**
- ラブストーリー **러브스토리**
- ミステリー **미스테리**
- ホラー **호러**
- 文学 **문학**
- 小説 **소설**
- 詩 **시**
- エッセイ **에세이**
- フィクション **픽션**
- ドキュメンタリー **다큐멘터리**
- マンガ **만화**
- 絵本 **그림책**
- カラオケ **노래방**
- のど自慢 **노래자랑**
- グループ **그룹**
- 俳優 **배우**

5) 自分の家族、人の呼称、住んでいる地域

- 私 **나**
- 私の **내**
- 私が **내가**
- 私ども **저희**
- 娘 **딸**
- 息子 **아들**
- 彼 **그**
- 彼女 **그녀**
- おじさん **아져씨**
- おばさん **아주머니 / 아줌마**
- 他人 **남**
- 妻 **부인 / 아내**
- 夫 **남편**
- 子ども **어린이**
- おとな **어른**
- 男・男性 **남자 / 남성**
- 女・女性 **여자 / 여성**
- 結婚 **결혼**
- 離婚 **이혼**

- 故郷 **고향**
- 町・村 **동네**
- 地方 **지방**
- 田舎 **시골**
- 職業 **직업**
- 就職 **취직**
- 会社 **회사**
- 公務員 **공무원**
- 教師 **교사**
- 技術者 **기술자**

●単語索引●

装丁・イラスト　鳥塚妃波莉

本文デザイン　小熊未央

写真協力　河越英里・北本磨里・岩下皐月

音声吹き込み　郭珍京・金闇愛・金広植

___

プリティ・コリアン

___

検印
省略

© 2023 年 1 月 30 日　初版　発行

著　者

石　坂　浩　一
佐々木　正　徳
金　　良　淑
郭　　珍　京
李　　和　貞
岡　村　佳　奈

発行者　　小　川　洋一郎

発行所　　株式会社 朝 日 出 版 社

〒 101-0065 東京都千代田区西神田 3-3-5
電話 (03) 3239-0271・72（直通）
振替口座　東京　00140-2-46008
http://www.asahipress.com/
欧友社／図書印刷